금강반야바라밀경

金剛般若波羅密經

소정 함종임(素淨 咸鍾任) 역

푸른사상
PRUNSASANG

금강반야바라밀경

인쇄 · 2013년 2월 7일
발행 · 2013년 2월 15일

옮긴이 · 함종임
펴낸이 · 한봉숙
펴낸곳 · 푸른사상
주간 · 맹문재 | 편집 · 김재호 | 교정 · 강하나

등록 · 1999년 7월 8일 제2-2876호
주소 · 서울시 중구 초동 42번지 아시아미디어타워 502호
대표전화 · 02) 2268-8706(7) | 팩시밀리 · 02) 2268-8708
이메일 · prun21c@hanmail.net / prun21c@yahoo.co.kr
홈페이지 · http://www.prun21c.com

ⓒ 함종임, 2013

ISBN 978-89-5640-981-8 03220
값 22,000원

▲ 경주 석굴암

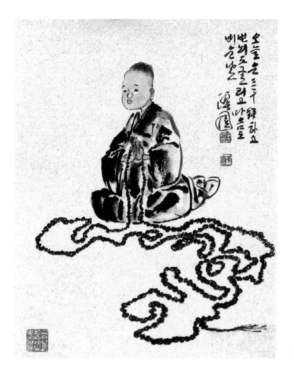

〈홍의 달마〉(55*65), 2007년, 한지 수묵담채 ▶

▲ 〈문전수성〉, 2009 년 봄, 부채 한지 수묵담채

◀ 〈연꽃─조로도〉(55*60), 2010년, 한지 수묵
담채

◀ 〈매처학자〉(60*60), 2009
년 늦봄, 한지 수묵담채

〈열두밤 작설차 한 잔〉(50*60), 2005년,
한지 수묵담채 ▶

▼ 〈봄날〉(35*50), 2012년 봄, 한
지 수묵담채

화보그림 · 담원 김창배

7

코시카여.

부처라는 것은 상호를 갖춘 육신을 이름한 것이 아니다.

부처는 일체의 지혜를 얻은 것을 이름하는 것이며 일체의 지혜는 오직 반야바라밀 가운데서 배워 얻는 것이므로 이 반야바라밀은 부처를 만드는 어머니다.

諸行無相 是生滅法 生滅滅已 寂滅爲樂.

나고 죽는다는 것은 모든 것이 무상함이라.

이러한 생멸법을 없앤다면 적멸이 즐거우리.

금강반야바라밀은 육근 육경 육식을 다하여 누진지통에 이르러 여래의 길, 성불의 길로 갈 수 있도록 이끌어 주는 지혜의 경전이다.

망상의 집착이 되는 인연의 강을 건너기 위해 필요한 뗏목과 같은 것이다. 강을 건너고나면 뗏목이라는 방편도 버리고 여래의 길, 성불의 길로 가야만 된다.

그러나 그 길은 감도 없고, 옴도 없는 것이지만 단지 그렇게 명칭할 뿐이므로 경전의 문자에 얽매이지 말고 그 속뜻을 잘 살펴서 자신을 등불로 삼고 집으로 삼아 무사지에 이르렀을 때 존재의 나는 없으나 불성의 나는 있다는 것을 통달한다면 곧 진공묘유를 깨닫게 되리라.

금강반야바라밀은 부처를 만드는 요체이다.

그러므로 계와 정과 혜를 닦아 해탈과 해탈지견을 반드시 체득해야만 할 것이다. 그것은 삼신일불의 모든 인연이 익어야만 가능하리니.

이제는 오래 묵혀놓았던 거울을 꺼내들고 내가 뿌려놓은 먼지의 무리들을 곱게 닦아 거울 뒤에 있는 나의 본성을 보아야 할 때라고 생각하여 또 한걸음 내딛는 마음으로 이 경전을 번역하였으나 결국 내 인연성 만큼만 볼 수 있었던 것이지만 성불의 길로 가는 지혜의 경전, 금강반야바라밀을 만난 행운에 감사하며 지심귀명례의 저문 노을 속에 나를 우려서 내일 또

다시 해가 떠오르는 순간이 주어진다면 그땐 꼭 불성의 나를
만날 수 있으리라.

보이지 않는 계단을 보았다. 그리고 눈으로 걸었다.
보이지 않는 나를 가만히 바라본다. 내가 있다.

금강경이라는 신비의 詩 한 편을 심장에 새기며
월정사에서 素淨

차례

1. 법회는 이러한 인연으로 열렸다.
2. 선현 장로 수보리가 법을 청하기 시작하다.
3. 대승의 바른 근본은.
4. 빼어난 행위에도 머무름이 없어야 한다.
5. 깨달음을 이루면 여래를 볼 것이다.
6. 참다운 신심은 희유하다.
7. 얻을 것도 없고 설할 것도 없다.
8. 귀의해야 할 법이 출생하다.
9. 하나의 상이 있다고는 하지만 그 상은 없는 것이다.
10. 정토를 장엄한다고 하는 것은.
11. 더 없이 수승한 복덕이란.
12. 올바른 길로 일깨우는 사람을 존중하라.
13. 이와 같이 법을 받아 지니게 되다.
14. 상을 끊는다면 적멸에 들리라.
15. 경전을 받아 지니는 공덕은.

16. 능히 업장이 깨끗해지리라.

17. 필경에는 나라는 존재는 없다.

18. 한 부처의 몸은 방편적 체성이니 서로 같은 모양
    으로 관하라.

19. 법의 경계에 통하도록 변화하라.

20. 색도 끊고 상도 끊으라.

21. 설하였다고는 하지만 설한 바가 없노라.

22. 법은 얻을 것이 없다.

23. 선행을 하면 마음이 맑아지리라.

24. 복덕으로 지혜를 비유할 수 없다.

25. 제도하는 바 없이 제도하라.

26. 법신과 육신의 모습은 다르다.

27. 끊은 것도 없고 멸한 것도 없노라.

28. 받을 것도 없고 탐착할 것도 없노라.

29. 위엄 있는 모습으로 고요히 정에 들라.

30. 일합을 올바른 이치로써 바로 보라.

31. 지견을 내지 말라.

32. 진실이 아니므로 응당 변화되어야 한다.

한글번역본

수보리여
어떤 곳이든 이 경전이 있는 곳이면
일체 세간의 천인 아수라가
당연히 공양하는 바가 될지니
마땅히 이러한 곳은 곧 탑을 모신 곳과 같아
모두가 공경하여 절을 하며 주위를 에워싸고 돌면서
온갖 꽃과 향을 흩뿌리리라

제 일. 법회는 이러한 인연으로 열렸다

나는 이와 같이 들었다.
한때 부처님께서는 사위국의 기수급 고독원에
큰 비구승 천이백오십 인과 함께 계셨다.
마침 세존께서는 공양을 드실 때가 되셨기에
가사를 드리우고 발우를 들고 성 안으로 들어가셨다.
그리고 집집마다 차례차례로 밥을 얻어 본 처소로 돌아
오셨다. 곧 공양을 마치신 후에 가사와 발우를 정리하고
발을 씻으신 다음 자리를 펴고 앉으셨다.

제 이. 선현 장로 수보리가 법을 청하기 시작하다

이때 장로 수보리가 대중들과 함께 있다가 문득
일어나더니 오른쪽 어깨의 옷을 벗고 오른쪽 무릎을
땅에 꿇어 합장공경하며 부처님께 여쭈었다.
"희유하시옵니다, 세존이시여.
여래께서는 모든 보살들을
잘 보호하시고 잘 살펴주십니다만

세존이시여, 선남자 선여인이
아뇩다라삼먁삼보리의 깨달음을 이루고자 하면
그 마음을 어떻게 머무르게 하며
어떻게 그 마음을 항복받아야 하겠나이까."
부처님께서 말씀하셨다.
"착하도다, 착하도다, 수보리여.
그대의 말처럼 여래는 모든 보살들을
잘 보호하며 잘 보살피느니라.
그러므로 지금부터 그대들을 위하여 말할 것이니
자세히 들으라. 선남자 선여인이
아뇩다라삼먁삼보리의 깨달음을 이루고자 한다면
그 마음을 마땅히 이와 같이 머무르고 이와 같이
항복받아야 할 것이니라."
"그리하겠습니다, 세존이시여.
원하오니 듣고자 하옵니다."

ᅵ 제 삼. 대승의 바른 근본은

부처님께서 수보리에게 말씀하셨다.
"모든 보살마하살은 마땅히 이와 같이
그 마음을 항복시켜야 할 것이니라.

'일체 모든 중생의 종류에는 알로 나는 것과
태로 나는 것과 습기로 나는 것과
우연자연으로 화하여 생기는 것과
색이 있는 것과 색이 없는 것과
생각이 있는 것과 생각이 없는 것
그리고 생각이 있는 것도 아니요
생각이 없는 것도 아닌 것들이 있다.
나는 이 모든 것을 두루 다 남김없이
해탈하여 열반에 들도록 제도할 것이나
이처럼 한량없이 많은 중생들을 제도하지만
사실은 한 중생도 제도한 자가 없노라'

왜냐하면 수보리여,
보살이 나의 모습이 있으며 너의 모습
중생의 모습 그리고 생명의 모습까지도
있다고 한다면 이는 곧 보살이 아니기 때문이니라."

▎제 사. 빼어난 행위에도 머무름이 없어야 한다

"또한 수보리여, 보살은 어떠한 법에도
마땅히 머무름 없이 보시해야 하느니라.

이를테면 모양에 머무르지 말며 소리 냄새 맛 감촉
법에도 머무름 없이 보시하여야 될 것이니
수보리여, 보살은 응당 이와 같이
어떠한 모습에도 머물지 않아야 하느니라.
왜냐하면 만약 보살이 모습에
머물지 않고 보시를 한다면 그 복덕은
가히 생각으로는 헤아릴 수 없을 것이니라.
수보리여 그대는 어찌 생각하는가.
동방 허공을 가히 생각으로 헤아릴 수 있겠는가."
"헤아릴 수 없습니다, 세존이시여."
"그렇다면 수보리여,
남서북방 사유상하의 허공을
가히 생각으로 헤아릴 수 있겠는가."
"헤아릴 수 없습니다, 세존이시여."
"수보리여.
보살이 모습에 머무름 없이 보시한다면
복덕도 또한 이와 같아서
가히 생각으로는 헤아릴 수 없는 것이니
보살은 응당 이러한 가르침에
머물러야만 될 것이니라."

| 제 오. 깨달음을 이루면 여래를 볼 것이다

"수보리여, 그대는 어찌 생각하는가.
육신의 모습을 보고 여래라고 할 수 있겠는가."
"할 수 없습니다, 세존이시여.
육신의 모습을 보고 여래를 보았다고
하는 것은 옳지 않습니다.
왜냐하오면
부처님께서 여래를 설명하실 때
육신의 모습은 곧 육신의 모습이 아니라고
하셨기 때문입니다."
부처님께서 수보리에게 말씀하셨다.
"무릇 모습을 지녔다는 것은 모두 허망한 것이다.
만일 모든 모습을 볼 때
그것은 참 모습이 아님을 안다면
즉시 여래(자성불)를 볼 것이니라."

| 제 육. 참다운 신심은 희유하다

수보리가 부처님께 여쭈었다.
"세존이시여. 그렇다면 조금 의아해 하는

중생들은 어찌하면 이와 같은 말이나 구절을 듣고
참다운 신심을 낼 수 있겠는지요."
부처님께서 수보리에게 말씀하셨다.
"그런 걱정은 하지 않아도 좋으리라.
여래(연등불)께서 멸도하신 후
이천 오백 년이 지나도 계를 받아 지니며
복을 닦는 자가 있어서 그는 이 구절을 듣고 능히
신심을 내어 이것을 진실히 여기노라.
그대는 마땅히 알라.
이 사람은 한 부처 또는 두 부처이거나
셋 넷 다섯 분의 부처님에게만 선근의
씨앗을 심은 것이 아니라 천만 분의
부처님께도 무량하게 모든 선근의
씨앗을 심은 자이니 이 구절을 듣고
단박에 깨끗한 믿음을 내는 것이니라.
수보리여.
여래(자성)는 모든 것을 다 알고 모든 것을 다
보는 것이니 모든 중생들도 이처럼 한량없는
복덕을 얻어야만 될 것이니라.
이러한 중생들은 나라는 모습 너라는 모습
무리들이라는 모습과 생명이라는 모습을
없애야 하며 법이라는 모습과

법이 아니라는 모습도 없애야 하기 때문이니라.
왜냐하면
이 중생들이 만일 모습을 취할 마음을 낸다면
즉 나라는 모습 너라는 모습 무리들이라는 모습과
생명이라는 모습에 애착을 내는 것이며
또한 법의 모습을 취한다하여도
나라는 모습 너라는 모습 무리들이라는 모습과
생명이라는 모습에 애착을 갖는 것이니라.
만일 법이라는 모습을 취하지 않았더라도
곧 나라는 모습 너라는 모습 무리들이라는 모습과
생명이라는 모습에 애착이 있기 때문이니라.
그러므로 마땅히 법도 취하지 말 것이며
법이 아닌 것도 취하지 말아야 할 것이니라.
그렇기 때문에 여래를 항상 말할 때
그대 비구들에게 내가 이르기를
법은 뗏목과 같다고 한 것이니라.
법도 오히려 놓아버려야 하거늘 하물며 그릇된 법이랴."

제 칠. 얻을 것도 없고 설할 것도 없다

"수보리여 그대는 어찌 생각하는가.

여래가 아뇩다라삼먁삼보리를 얻은 바가 있는가.
그리고 여래가 법을 설한 바가 있는가."
수보리가 말씀드린다.
"여래를 제가 이해하기로는
부처님께서 말씀하신 바에 의하면
결정된 법이 있거나 없기도 하며
아뇩다라삼먁삼보리의 이름도 또한
결정된 법이 있기도 하며 없기도 한 것이라고
여래를 말씀하셨습니다.
왜냐하면 여래에 대하여 하신 말씀은
모든 법은 취할 것도 없고 설할 것도 없으며
법이 아니며 법이 아닌 것도 아니라고 하셨습니다.
그 이유는 일체의 현인과 성인은 모두 이처럼
변화하지 않는 무위의 법으로써 구별하기
때문입니다."

제 팔. 귀의해야 할 법이 출생하다

"수보리여, 어찌 생각하는가.
만약 어떤 사람이 삼천 대천 세계에
칠보를 가득 보시하였다고 한다면

이 사람이 얻는 복덕은 어느 정도가 되겠는가."
수보리가 말씀드린다.
"심히 많겠사옵니다, 세존이시여.
왜냐하면 이 복덕은
곧 복덕의 성품이 아니기 때문입니다.
그러므로 여래를 말씀하실 때
복덕이 많다고 하신 것입니다."
"만약 어떤 사람이 경전을 지니거나
그 가운데의 네 구절만이라도
다른 사람을 위해 깨닫게 한다면
이 복덕은 그 복덕보다 더 뛰어나리라.
왜냐하면 수보리여,
일체의 모든 부처님은 부처의 경지에 이르기까지
아뇩다라삼먁삼보리의 법이
모두 이 경전에서 나왔기 때문이니라.
수보리여, 이를테면
이것이 부처의 법이라고 말하는 자가 있다면
그것은 곧 부처의 법이 아니니라."

| 제 구. 하나의 상이 있다고는 하지만 그 상은 없는 것이다

"수보리여, 그대는 어찌 생각하는가.
수다원에 이르렀다고 생각할 때 과연
'나는 수다원과를 얻었다'고 할 수 있는 것인가."
수보리가 말씀드린다.
"할 수 없습니다, 세존이시여.
왜냐하면
수다원이라는 명칭에 이르렀다는 것일 뿐
실은 들어간 바가 없으며 이는
색 소리 냄새 맛 감각의 법에 들어간 것이 아니므로
다만 그 명칭을 수다원이라 하였을
뿐이옵니다."
"수보리여, 그대는 어찌 생각하는가.
사다함에 이르렀다고 생각할 때 과연
'나는 사다함을 얻었다'고 할 수 있겠는가."
수보리가 말씀드린다.
"할 수 없습니다, 세존이시여.
왜냐하면
사다함은 한 번 더 세상에 왔다 간다고 이르나
실은 왔다 간다는 것이 없으므로 다만 그 명칭이

사다함일 뿐입니다."
"수보리여 어찌 생각하는가.
아나함에 이르렀다고 생각할 때 과연
'나는 아나함과를 얻었노라'고 할 수 있겠는가."
수보리가 말씀드린다.
"할 수 없습니다, 세존이시여.
왜냐하면 아나함이라는 명칭은
오지 않는다는 뜻이오나 실은
오지 않는다는 것도 없는 것이옵니다. 그러므로
다만 명칭이 아나함일 뿐입니다."
"수보리여 어찌 생각하는가.
아라한을 이루었다고 생각할 때 과연
'나는 아라한 도를 얻었노라'고
할 수 있겠는가."
수보리가 말씀드린다.
"할 수 없습니다, 세존이시여.
왜냐하면 실은 법이라는 것은
있기도 하고 없기도 한 것이므로 다만
그 명칭을 아라한이라 하였을 뿐입니다.
세존이시여.
만약 아라한을 생각할 때
'나는 아라한도를 얻었다'고 한다면

곧 나와 너 그리고 중생과 생명에
애착이 있는 사람입니다.
세존이시여, 부처님께서 말씀하실 때
'그대는 삼매에 든 사람 중에 누가 먼저라고
송사할 것 없이 제일 으뜸이오'라고 하셨으니
이는 제일 먼저 욕심을 버려야 아라한이라
할 수 있다는 뜻입니다.
세존이시여.
저는 '내가 욕심을 버려 아라한이 되었구나'라고
생각하지 않았습니다.
세존이시여, 제가 만약
'내가 아라한 도를 얻었구나'라고 생각한다면
세존께서는
'수보리는 아란나 행을 즐기는 자이다'
라고 하셨겠으나
'수보리는 실로 아란나 행을 행하는 바 없이 행하며
다만 그 명칭이 아란나 행을 좋아하는 수보리일 뿐이다'
라고 이렇게 말씀하시지 않았을 것입니다."

| 제 십. 정토를 장엄한다고 하는 것은

부처님께서 말씀하셨다.
"수보리여, 그대는 어찌 생각하는가.
여래가 옛적에 연등 부처님께 있을 때
법을 얻은 바가 있는가."
"없습니다, 세존이시여.
여래께서 연등 부처님께 계실 때
법에 의한 바 실은 얻은 바가 없습니다."
"수보리여, 어찌 생각하는가.
보살이 불국토를 장엄한다고 하겠는가."
"아니옵니다, 세존이시여.
왜냐하면 불국토를 장엄한다고 하는 사람은
곧 장엄이 아니라 다만 그 명칭이
장엄한다고 할 뿐이옵니다."
"그런고로 수보리여.
모든 보살마하살은 마땅히 여래에 대해
이와 같이 청정한 마음을 낼 것이나
그 마음을 일으켜 모양에 머물러서는 안 되며
소리 냄새 맛 감촉의 법에 머물러서도 안 되니
마땅히 머무는 바 없이 그 마음을 내야만 되느니라.
수보리여 비유하자면

어떤 사람의 몸이 수미산만큼 크다고 한다면
그대의 생각은 어떠한가.
이 사람의 몸이 과연 크다고 생각되는가."
수보리가 말씀드린다.
"크옵니다, 세존이시여.
왜냐하면 부처님께서 하신 말씀은
육신의 몸이 아니라 다만 그 명칭을
큰 몸이라 하셨을 뿐이옵니다."

제 십일. 더 없이 수승한 복덕이란

"수보리여, 항하에 있는 모래 수만큼
그렇게 또 많은 항하가 있다면
그대 생각은 어떠한가.
그 모든 항하와 항하의 모래가 얼마나 많겠는가."
수보리가 대답했다.
"심히 많사옵니다, 세존이시여.
저 항하의 수만 하여도 많을텐데 하물며
그 항하에 있는 모래 수까지라니요."
"수보리여, 내가 지금부터 진실을
그대에게 말하겠노라.

만약 어떤 선남자 선여인이 칠보를
이 항하와 항하의 모래 수만큼이나 가득히
삼천 대천 세계에 보시하였다고 하자.
그러면 그 복덕이 과연 많겠는가."
수보리가 대답했다.
"심히 많사옵니다, 세존이시여."
부처님께서 수보리에게 말씀하셨다.
"만약 선남자 선여인이 이 경전 가운데에서
네 구절만이라도 받아 지니며 남을 위해 말해 준다면
이 복덕은 앞에서 말한 복덕보다 더 없이 뛰어나느니라."

| 제 십이. 올바른 길로 일깨우는 사람을 존중하라

"또한 수보리여
이어서 말하자면 이 경전에서
네 구절만이라도 그 뜻을 깨닫게 한다면
그가 머무르고 있는 곳에는
일체 세간의 하늘과 아수라가
모두 응당히 공양하기를
부처님의 탑과 전각에 하듯 할 것인데
하물며 앞에서 말한 그 사람이

온 정성을 다하여
경전을 지니며 읽고 외운다면
그 복덕은 더 말할 나위가 있겠는가.
수보리여.
깨달음을 얻은 이 사람은 참으로 드물게
가장 높고 으뜸가는 법을 성취한 것이니라.
이 경전이 있는 곳이면 곧 부처님 계신 곳과 같고
또한 존중받는 부처님의 제자가 있는 곳과 같느니라."

제 십삼. 이와 같이 법을 받아 지니게 되다

이때 수보리가 부처님께 여쭈었다.
"세존이시여, 마땅하옵니다.
하오면 저를 비롯한 모든 사람들이
이 경전의 명칭을 무어라 하리이까."
부처님께서 수보리에게 말씀하셨다.
"이 경전의 명칭은 금강반야바라밀이니
이 명칭의 글자를 그대들은 잘 받아 지녀야 될 것이오.
어찌하여 그런가하면
수보리여,
부처를 설하는 반야바라밀은

곧 반야바라밀이 아니라
다만 그 명칭이 반야바라밀일 뿐이라오.
수보리여, 그대는 어찌 생각하는가.
여래의 법을 설명한 바가 있었던가."
수보리가 부처님께 말씀드린다.
"세존이시여.
여래의 법을 설명하신 바가 없으십니다."
"수보리여, 그대는 어찌 생각하는가.
삼천대천세계에 있는 모든 티끌의 수를
많다고 생각하는가."
수보리가 말씀드린다.
"심히 많사옵니다, 세존이시여."
"수보리여.
모든 티끌들은
여래를 설명할 때는 티끌이 아니라
다만 그 명칭이 티끌일 뿐이며
이 세계 또한 세계가 아니라
다만 그 명칭이 세계일 뿐이니라.
또한 수보리여.
그대는 어찌 생각하는가.
가히 서른두 가지로 몸의 상호를 갖추었다고 하여
여래로 볼 수 있는 것인가."

"아니옵니다, 세존이시여.
서른두 가지 몸의 상호를 갖추었다고 하여
여래로 볼 수는 없습니다.
왜냐하면 여래를 설명하실 때
서른두 가지 상호는
곧 상호가 아니라 다만 그 명칭이
서른두 가지의 상호일 뿐이라 하셨습니다."
"수보리여.
만약 어떤 선남자 선여인이
항하와 항하의 모래 수만큼이나
많은 목숨을 보시하였다 하더라도
또 어떤 사람은 이 경전 가운데서
네 구절만이라도 남을 위해 설명해주었다면
이 복덕은 앞의 복덕보다 훨씬 많으니라."

제 십사. 상을 끊는다면 적멸에 들리라

이때 부처님께서 말씀하시는 경전을
듣고 있던 수보리가 그 뜻을 깊이 깨닫고
슬피 울며 눈물을 흘리고는 이렇게 여쭈었다.
"참으로 드문 일이옵니다, 세존이시여.

부처님께서 이처럼 깊고 깊은 경전을
알게 하시니 제가 오랜 세상을 윤회한
지혜의 안목으로는 일찍이 이와 같은
경전을 증득하지 못하였습니다.
세존이시여.
만일 어떤 사람이 이 경전을 듣고
마음에 청정한 믿음을 낸다면
곧 실상에 대한 이해가 생긴 것이므로
깨달음을 얻은 이 사람은
가장 드문 공덕을 성취한 것이온데
세존이시여.
실상의 깨달음을 성취했다는 것은
곧 이것이 상이 아니므로
여래의 실상도 다만 명칭일 뿐이라고
말씀하셨습니다.
세존이시여.
제가 지금 이와 같이 경전을 듣고 이해하여
믿고 받아 지니는 것은 어렵지 않사오나
만일 이 다음 이천 오백 년의 뒤에라도
어떤 중생들이 이 경전을 듣고
이해하여 믿고 받아 지니고자 한다면
이 사람은 곧 제일 드문 사람일 것입니다.

왜냐하면 이러한 사람은
나의 모습이 없으며 너의 모습도 없으며
그리고
중생의 모습도 없고 생명의 모습도 없다고
알기 때문입니다.
어찌하여 그런가 하오면
나의 모습은 곧 모습이 아니며
너의 모습과 중생의 모습과
그리고 생명의 모습까지도
곧 참모습이 아님을 알기 때문입니다.
왜냐하면
그런 것들에 대한 일체의 모든 모습에서 벗어나면
곧 그 명칭이 모두 부처이기 때문입니다."
부처님께서 수보리에게 말씀하셨다.
"그와 같고 그와 같도다.
만약 어떤 사람이 이 경전을 듣고
놀라지 않고 겁내지 않으며 두려워도
않는다면 참으로 드문 사람임을 알아야 하리라.
왜냐하면 수보리여,
여래를 설명할 때 제일바라밀은
곧 제일바라밀이 아니라 다만 그 명칭이
제일바라밀일 뿐이라고 하였노라.

수보리여.
인욕바라밀도 여래를 설명할 때
다만 그 명칭이 인욕바라밀일 뿐이라고 하였나니
어찌하여 그런가.
수보리여.
여래가 될 내가
옛적에 가리왕에게 몸을 베이고 찢길 적에
나에게는 그 순간 나의 모습도 없고
너의 모습도 없고 중생의 모습도 없으며
생명의 모습까지도 없다고 알았기 때문이니라.
왜 그러한가.
내가 가리왕에게 몸을 마디마디 찢길 때
만약 내게 나의 모습과 너의 모습 그리고
중생의 모습과 생명의 모습까지도 있다고 알았다면
당연히 성내고 원망을 하였을 것이다.
수보리여.
또한 지난날을 돌아보면
오백 년을 인욕선인으로 지내며
세상을 떠나 있었을 때도
나의 모습도 없고 너의 모습도 없고
중생의 모습도 없으며 생명의 모습
또한 없다고 알았느니라.

그러므로 수보리여,
보살이 일체의 모습을 떠난
아뇩다라삼먁삼보리의 마음을 일으키려면
모양에 머물지 않는 마음을 내야하며
소리 냄새 맛 감각의 법에도
머물지 않는 마음을 내야 하리니
나 또한 응당 머무는 바 없이
그 마음을 낸 것이니라.
만약 마음을 머무는 데 둔다면 그것은
곧 머무르는 것도 아니므로
부처님께서 보살의 마음을 설명하실 때
당연히 모양에 머물지 않는 보시에 두라고 하셨느니라.
수보리여
보살은 일체 중생들을 이익되게 하기 위하여
응당 이와 같이 보시해야 하느니라.
여래를 설명할 때
일체의 모든 모습은 곧 모습이 아니라
하였고 또 일체 중생을 설명할 때도
곧 중생이 아니라 하였느니라.
수보리여.
여래는 진리의 말을 하며 진실을 말하며
진여의 말을 하며 거짓을 말하지 않으며

의심할 말을 하지 않느니라.
수보리여.
여래가 법을 얻는 바 이 법은
채우는 것도 없으며 헛되는 것도 없느니라.
수보리여.
만약 보살이 마음을 법에 머물러 보시를 하면
마치 사람이 어둠 속에서는
아무것도 볼 수 없는 것과 같고
만일 보살이 보시를 할 때
마음이 법에 머무르지 않는다면
사람에게 눈이 있어서 마치 햇빛이 밝게 비칠 때
여러 가지 색을 골고루 볼 수 있는 것과 같느니라.
수보리여.
다음 세상에서
만약 어떤 선남자 선여인이
부처의 지혜로서 여래가 되고자 하여
이 경전을 지니며 읽고 외운다면
이 사람은 모든 것을 다 알 것이며
이 사람은 모든 것을 다 볼 것이니
두루 헤아릴 수 없는 공덕을 성취할 것이니라."

제 십오. 경전을 받아 지니는 공덕은

"수보리여.
만약 어떤 선남자 선여인이
아침에 항하와 항하의 모래처럼 많은
몸을 보시하고 낮에도 다시 항하와
항하의 모래처럼 많은 몸을 보시하고
저녁에도 역시 항하와 항하의 모래처럼
많은 몸을 보시하며 이처럼 한량없이
백천만억 겁을 보시하였다 하더라도
만일 또 다른 사람은 이 경전을 듣고
믿는 그 마음을 거스르지 않는다면
그의 복덕은 저들의 복덕보다 더 수승하리라.
그런데 하물며
경전을 쓰거나 베끼며 읽고 외워
다른 사람들을 위하여 해설해 준다면 어떻겠느냐.
수보리여, 요약하여 말하자면
이 경전은 불가사의하며
불가칭량하며 한없는 공덕이 있나니
여래가 되기 위하여 대승을 발심한 자에게
설명하였으며 최상승을 발심한 자에게 설명하였느니라.
만약 어떤 사람이 뛰어나게 이 경전을

지니어 읽고 외우며 많은 사람들에게
설명해 준다면 이 사람은 여래를 알고
이 사람은 여래를 볼 것이며
헤아릴 수 없고 설명할 수도 없이
끝없는 불가사의한 공덕을 성취한 것이니라.
이러한 사람들은 곧
여래의 아뇩다라삼먁삼보리를 어깨에
맨 것이 되나니 그 이유를 말하자면
수보리여,
만일 소승의 법을 즐기는 자라면
나라는 견해 남이라는 견해 중생이라는 견해
생명이라는 견해의 애착으로 인해
곧 이 경전을 능히 알아들어 지니며 읽고 외워
남을 위해 해설해 주지는 못하기 때문이니라.
수보리여.
어떤 곳이든 이 경전이 있는 곳이면
일체 세간의 천인 아수라가
당연히 공양하는 바가 될지니
마땅히 이러한 곳은 곧 탑을 모신 곳과 같아
모두가 공경하여 절을 하며 주위를 에워싸고 돌면서
온갖 꽃과 향을 흩뿌리리라."

제 십육. 능히 업장이 깨끗해지리라

"또한 수보리여,
선남자 선여인이
이 경전을 지니며 읽고 외우는데
이들이 만일
어떤 사람들에게 업신여김을 받는다면
이들은 전생의 죄업으로
응당 악도에 떨어져야 할지라도
금생에 남에게 업신여김을 받음으로써
전생의 죄업이 곧 소멸되며 또한 마땅히
아뇩다라삼먁삼보리도 얻게 되느니라.
수보리여.
내가 한량없는 아승지겁의 지난날을 돌아보니
연등 부처님 전에서 팔백사천만억 나유타의
모든 부처님을 다 받들어 공양하였으니
그것은 결코 헛됨이 없었지만
만일 어떤 사람이 있어 후대의 말세에
이 경전을 읽고 외운다면 그가 얻는 공덕은
내가 저 모든 부처님을 공양했던 공덕으로는
백분의 일이나 천만억분 내지
그 어떠한 수의 비유로도 능히 미치지 못하느니라.

수보리여.
선남자 선여인이 후대의 말세에
이 경전을 지니며 읽고 외워서 얻는 공덕을
내가 다 갖추어 말한다면
혹은 어떤 사람은 듣고 마음이 광란하여
의심하고 믿지 않을 것이나
수보리여,
이 경전은 의미도 불가사의하거니와
과보도 역시 불가사의하느니라."

| 제 십칠. 필경에는 나라는 존재는 없다

이때 수보리가 부처님께 여쭈었다.
"세존이시여.
선남자 선여인이
아뇩다라삼먁삼보리를 일으키려면
그 마음을 어떻게 머무르게 해야 하며
또한 그 마음을 어떻게 항복받아야
되겠나이까."
부처님께서 말씀하셨다.
"수보리여.

만일 어떤 선남자 선여인이
아뇩다라삼먁삼보리의 마음을 일으키고자 한다면
응당 이와 같은 마음을 내야 되리라.
'나는 마땅히 일체 중생을
적멸에 들 수 있도록 제도하리라.
그러나 일체 중생을 적멸에 들도록
이미 제도하였으나 실은 제도한 자는 한 중생도 없다.'
왜냐하면 수보리여,
만약 보살이
나의 모습 너의 모습 중생의 모습
생명의 모습이 있다고 한다면
곧 보살이 아니기 때문이니라.
어찌하여 그런가 하면
수보리여,
실은 법이 없건만 그는 다만
'아뇩다라삼먁삼보리의 마음을
일으키는 것을 즐기는 자'이기 때문이다.
수보리여 왜 그럴까.
여래(석가)가 연등부처님께 있을 때
법이 있다고 생각했다면
아뇩다라삼먁삼보리를 얻었겠는가."
"얻지 못하셨을 것입니다 세존이시여.

저는 부처님께서 연등부처님께 계실 때
법이 없다고 생각하셨으므로
'아뇩다라삼먁삼보리를 얻었노라'고
말씀하신 것으로 이해합니다."
부처님께서 말씀하셨다.
"그렇노라 수보리여.
실로 법이 없는 경계에서
아뇩다라삼먁삼보리를 얻었나니
수보리여 만일 법이 있다고 생각했다면
'여래는 아뇩다라삼먁삼보리를
얻는 것을 즐기는 자'가 되므로
연등부처님께서 곧 내게
이렇게 수기를 주시지는 않았을 것이다.
'그대는 다가올 세상에서
응당 부처를 이루리니 그 명호는 석가모니라 하리라.'
이로써 실로 법이 없는 경계에서
아뇩다라삼먁삼보리를 얻었으므로
연등부처님께서 내게 수기를 주시면서 말씀하시기를
'그대는 다가올 세상에서
마땅히 부처를 이루리니 석가모니라 불리리라'
라고 하셨느니라.
왜냐하면

여래가 될 자에게는 곧 모든 법이 이와 같이
순응될 것이기 때문이니라.
만일 어떤 사람이
'여래는 아뇩다라삼먁삼보리를
얻는다'라고 한다면 이것은
수보리여, 실은 법이 없는 가운데
부처는 아뇩다라삼먁삼보리를 얻는 것이니라.
수보리여.
여래가 아뇩다라삼먁삼보리를
얻는다는 것은 이 마음에는 채우는 것도
비우는 것도 없는 것이므로
여래를 설명할 때 일체의 법이
모두 이와 같은 부처의 법이라고 하는 것이다.
수보리여, 말하자면
'일체의 법을 얻은 자'라고
하는 것은 곧 일체의 법이 아니라
다만 그 명칭이 일체의 법일 뿐이니라.
수보리여, 비유하자면
'사람의 몸이 아주 크다'라고 하는 것과 같느니라."
수보리가 말씀드린다.
"세존이시여, 여래께서 말씀하신 것은
육신의 몸이 큰 것이 아니라 다만 명칭을

그 몸이 크다고 하신 것입니다."
"수보리여, 보살도 역시 이와 같느니라.
만일 '내가 한량없는 중생을 제도했다'
라고 말한다면 그는 곧
보살이라 명칭할 수 없느니라.
왜냐하면 수보리여.
실은 법이 없다고 하는 것은
보살을 위하여 명칭하였던 것이다.
그러므로 부처는 일체의 법을
'나는 없다 너도 없다 중생도 없다
따라서 생명도 없다' 라고 말하는 것이다.
수보리여
어떤 보살이 말하기를
'나는 응당 불국토를 장엄한다' 고
한다면 이도 보살이라 명칭할 수 없느니라.
왜냐하면 여래를 설명할 때
'불국토를 장엄한 자' 라고 하는 것은
곧 장엄이 아니라 그 명칭이
장엄일 뿐이라 하였느니라.
수보리여 만일 보살이 내가 없다는
무아의 법에 통달하였다면 이 보살은 참으로
여래의 명칭을 말할 수 있는 자이니라."

| 제 십팔. 한 부처의 몸은 방편적 체성이니 서로 같은 모양으로 관하라

"수보리여, 그대는 어찌 생각하는가.
여래에게 육안이 있는가."
"그러하옵니다, 세존이시여.
여래께서는 육안이 있으시옵니다."
"수보리여, 또 어찌 생각하는가.
여래에게 천안이 있는가."
"그러하옵니다, 세존이시여.
여래께서는 천안이 있으시옵니다."
"수보리여, 어찌 생각하는가.
여래에게 혜안이 있는가."
"그러하옵니다, 세존이시여.
여래께는 혜안이 있으시옵니다."
"수보리여, 어찌 생각하는가.
여래에게 법안이 있는가."
"그러하옵니다, 세존이시여.
여래께는 법안이 있으시옵니다."
"수보리여, 또 어찌 생각하는가.
여래에게 불안이 있는가."
"그러하옵니다, 세존이시여.

여래께는 불안이 있으시옵니다."
"수보리여, 어찌 생각하는가.
저 항하에는 모래가 있는데 내가
그 모래에 대해서 말한 적이 있는가."
"그러하옵니다, 세존이시여.
여래께서는 그 모래에 대해서
말씀하신 적이 있습니다."
"수보리여, 그대는 어찌 생각하는가.
항하 하나에도 많은 모래가 있는데
여러 항하에는 더 수많은 모래가 있듯이
부처의 세계도 이와 같이 많겠는가."
"많습니다, 세존이시여."
부처님께서 말씀하셨다.
"그대여.
이 국토에 있는 중생들의 마음을
여래는 모두 알고 있느니라.
왜냐하면 여래를 설명할 때
모든 마음은 마음이 아니라
다만 그 명칭이 마음이라 하였느니라.
어찌하여 그런가 하면
수보리여.
과거의 마음은 얻을 것이 없고

현재의 마음도 얻을 것이 없나니
미래의 마음도 얻을 것이 없기 때문이니라."

ㅣ 제 십구. 법의 경계에 통하도록 변화하라

"수보리여, 어찌 생각하는가.
만일 어떤 사람이 삼천대천세계가 가득 차도록
칠보를 보시하였다면 이 사람이 이러한
보시 인연으로 얻는 복덕이 과연 많겠는가."
"그러하옵니다, 세존이시여.
이 사람은 그러한 보시 인연으로 얻는
복덕이 심히 많을 것이옵니다."
"수보리여.
만일 그 사람이 복덕을 채웠다면
복덕을 많이 얻었으니
여래라고 말할 수 없을 것이니라.
복덕이란 본래 없는 것이므로
여래를 설명할 때는 다만
복덕을 많이 얻었다고 할 뿐이니라."

| 제 이십. 색도 끊고 상도 끊으라

"수보리여, 어찌 생각하는가.
부처가 색신을 갖춘다고 보는가."
"아닙니다, 세존이시여.
여래는 색신을 갖추지 않습니다.
왜냐하오면
여래를 설명하셨을 때
색신을 갖췄다면 곧 색신을 갖춘 것이 아니라
다만 그 명칭이
색신을 갖추었을 뿐이라고 하셨습니다."
"수보리여, 또 어찌 생각하는가.
여래가 모습을 모두 갖춘다고 보는가."
"아니옵니다, 세존이시여.
여래는 모습을 모두 갖추지 않는다고 봅니다.
왜냐하오면 여래를 설명하실 때
'모습을 모두 갖춘다는 것은 곧 갖추는 것이 아니라
다만 그 명칭이 모습을 모두 갖춘다'고
할 뿐이라 하셨습니다."

| 제 이십일. 설하였다고는 하지만 설한 바가 없노라

"수보리여.
그대가 여래라고 생각할 때
'내가 법을 말했다'라고 하지 말라.
왜냐하면 어떤 사람이
'여래가 법을 말했다'라고 한다면
곧 이것은 부처를 비방하는 것이며
내가 했던 말을 이해하지 못하는 것이니라.
수보리여.
법을 설한다는 것은 설하는 법이 없고 다만
그 명칭이 법을 설한다고 하느니라."
이때 혜명 수보리가 부처님께 여쭙기를
"세존이시여.
미래세상에서 자못 어떠한 중생들이
이렇게 법을 말씀하신 것을 듣고
신심을 낼 수 있겠는지요."
부처님께서 말씀하셨다.
"수보리여.
저들은 중생이 아니며
중생이 아닌 것도 아니니라.
어찌하여 그런가하면

수보리여, 중생중생자라고 하는 것은
여래를 설명할 때는 중생이 아님을 말하는 것이니
다만 그 명칭이 중생일 뿐이니라."

제 이십이. 법은 얻을 것이 없다

수보리가 부처님께 여쭈었다.
"세존이시여, 부처님께서
아뇩다라삼먁삼보리를 얻었다는 것은
얻은 것이 없다는 것이옵니까."
부처님께서 말씀하셨다.
"그러하니라, 수보리여.
내가 아뇩다라삼먁삼보리나
법이 없다는 무유법을 조금이라도 얻었다는 것도
다만 그 명칭을
아뇩다라삼먁삼보리라 하였을 뿐이니라."

제 이십삼. 선행을 하면 마음이 맑아지리라

"또한 수보리여,

이 법은 평등하여 높고 낮음이 없으므로
다만 이 명칭을 아뇩다라삼먁삼보리라고 하였으니
이로써
나는 없다 너도 없다 중생도 없다.
고로 생명도 없다는 것을 일체로 보아
착한 법을 닦으면 곧
아뇩다라삼먁삼보리를 얻을 것이니라.
수보리여.
이렇게 착한 법을 닦는다는 것으로
여래를 설명할 때는 착한 법이 아니라
다만 그 명칭이 착한 법일 뿐이니라."

| 제 이십사. 복덕으로 지혜를 비유할 수 없다

"수보리여.
만일 삼천대천세계에 있는 모든 산 가운데
제일인 수미산만큼 큰 칠보를 모아서
어떤 사람이 보시를 하였고
또 어떤 사람은 이 반야바라밀이나 그 가운데의
네 구절만이라도 지니어 읽고 외우며
다른 사람을 위하여 말해 준다면

앞에서 말한 칠보의 복덕으로는
백분의 일에도 미치지 못하고
백천만억분의 일에도 미치지 못하며
그 어떠한 산수의 비유로도 미칠 수 없느니라."

| 제 이십오. 제도하는 바 없이 제도하라

"수보리여, 어찌 생각하는가.
그대들이 여래라고 생각할 때
'나는 마땅히 중생을 제도하였다'
라고 할 것인가.
수보리여 그런 생각은 하지 말지어다.
왜냐하면
실은 여래가 제도한 중생이 없기 때문이니라.
만약 여래가 제도한 중생이 있다면
여래는
내가 있다 네가 있다 중생이 있다.
그리고 생명이 있다는 생각을
하고 있는 자이다.
그러므로 수보리여,
여래를 설명할 때 내가 있다는 것은

곧 내가 있다는 것이 아니라
이것은 범부를 말할 때
내가 있다고 하는 까닭이니라.
수보리여.
범부라고 하는 것도 여래를 설명할 때는
곧 범부가 아니라
다만 그 명칭이 범부일 뿐이니라."

| 제 이십육. 법신과 육신의 모습은 다르다

"수보리여 그대는 어찌 생각하는가.
가히 서른두 가지의 상호를 지닌 것으로
여래라고 볼 수 있겠는가."
수보리가 말씀드린다.
"그렇습니다.
서른두 가지의 상호를 지님으로써
여래라고 볼 수 있겠습니다."
부처님께서 말씀하셨다.
"수보리여.
서른두 가지의 상호를 지녔다고 하여 여래로 본다면
전륜성왕도 곧 여래라고 하겠는가."

수보리가 부처님께 말씀드린다.
"세존이시여.
그와 같이 말씀하시는 부처님의 뜻을
제가 이해하옵나니
서른두 가지의 상호로써는 여래라고 볼 수 없습니다."
이때 세존께서 게송으로 말씀하시었다.

"만일 모양으로 부처를 보려 하거나
음성으로 부처를 찾으려 한다면
이 사람은 사도를 행하는 자이니
결코 여래를 볼 수 없으리라."

| 제 이십칠. 끊은 것도 없고 멸한 것도 없노라

"수보리여, 그대들이 생각하기를
'여래(석가)께서 상호를 구족하지 않았다면
과연 아뇩다라삼먁삼보리를 얻었을까' 라고
하겠지만 수보리여, 그런 생각은 말지어다.
여래(석가)는 상호를 구족하지 않았어도
아뇩다라삼먁삼보리를 얻었느니라.
수보리여.

그대들이 만약 생각하기를
'아뇩다라삼먁삼보리의 마음을 일으킨 자는
모든 법을 끊어서 멸했다'라는
그런 생각도 말하지 말지어다.
왜냐하면
아뇩다라삼먁삼보리의 마음을 일으킨 자를
모든 것을 끊어서 멸한 상태라고
법으로써 말할 수 없기 때문이니라."

제 이십팔. 받을 것도 없고 탐착할 것도 없노라

"수보리여.
만일 어떤 보살이
항하의 모래처럼 많은 세계에 가득히
칠보를 보시하고
또 어떤 사람은 일체법을 알고
인욕으로써 내가 없다는 무아의 깨달음을 이루었다면
이 보살은 앞에서 말한
칠보를 보시한 보살보다 얻는 공덕이 뛰어나리라.
왜냐하면 수보리여,
모든 보살은

복덕을 받지 않았기 때문이니라."
수보리가 부처님께 여쭈었다.
"세존이시여.
어찌하여 보살은 복덕을 받지 않았나이까."
"수보리여.
보살은 복덕을 짓기는 하지만
그 복덕에 탐착하지는 않느니라.
그러므로 말하기를
복덕을 받지 않았다고 하느니라."

| 제 이십구. 위엄 있는 모습으로 고요히 정에 들라

"수보리여.
만일 어떤 사람이 말하기를
'여래는 오기도 하고 떠나기도 하고
혹은 앉기도 하고 눕기도 한다.'
라고 한다면 이 사람은
내 말의 뜻을 이해하지 못한 것이니라.
왜냐하면 여래라고 하는 것은
오는 바도 없으며 떠나는 바도 없으므로
다만 그 명칭을 여래라 하였을 뿐이니라."

| 제 삼십. 일합을 올바른 이치로써 바로 보라

"수보리여.
만일 선남자 선여인이
삼천대천세계를 잘게 부수어서
미세한 먼지를 만든다면
그대 생각은 어떠한가.
과연 이 미세한 먼지의 무리가 많겠는가."
수보리가 대답한다.
"심히 많사옵니다 세존이시여.
왜냐하면
만일 이 미세하게 많은 먼지의 무리들이
'실로 존재하는 자' 들이라면
부처님께서 곧 이 미세하게 많은 먼지의 무리들이라고
말씀하지는 않으셨을 것입니다.
어찌하여 그런가 하오면
부처님께서 말씀하신 미세하게 많은 먼지는
곧 미세하게 많은 먼지가 아니오라
다만 그 명칭이 미세하게 많은 먼지일 뿐입니다.
세존이시여.
여래를 말씀하신 바 삼천대천세계는
곧 세계가 아니라 그 명칭이 세계일 뿐이라 하셨습니다.

왜냐하오면
만일 그 세계에 '존재하는 것을 즐기는 자'들이
있어서 이것을 일합상이라 한다면
여래를 설명하실 때의 일합상이라고 하는 것은
곧 일합상이 아니라 다만 그 명칭이
일합상일 뿐이옵니다."
"수보리여.
'일합상을 즐기는 자'라는 것은
이것을 말로 할 수 없는 것이나
다만 범부 중생들이 탐착으로 일삼는 것이니라."

| 제 삼십일. 지견을 내지 말라

"수보리여.
만일 어떤 사람이 말하기를
'부처님께서 나라는 견해 너라는 견해
중생이라는 견해 생명이라는 견해를 말씀하셨다'
라고 한다면 수보리여 그대는 어찌 생각하는가.
이 사람은 정녕 내가 말한 뜻을 이해하는 것인가."
"아니옵니다, 세존이시여.
이 사람은 여래에 대하여 말씀하신 바

그 뜻을 이해하지 못하는 것입니다.
왜냐하면 세존이시여.
세존께서 말씀하신 나라는 견해 너라는 견해
중생이라는 견해 생명이라는 견해라고 하는 것은
곧 나라는 견해 너라는 견해 중생이라는 견해
생명이라는 견해가 아니라 다만 그 명칭이
아견 인견 중생견 수자견일 뿐이옵니다."
"수보리여.
아뇩다라삼먁삼보리의 마음을 일으킨 자는
일체의 법을 응당 이와 같이 알며 이와 같이 보며
이와 같이 믿고 이해하여
법이라는 생각을 내지 말지어다.
수보리여. 이른바
'법에 대한 생각을 내는 자'라고 한 것은
여래를 설명할 때의 법에 대한 생각이 아니라
다만 그 명칭이 법에 대한 생각일 뿐이니라."

| 제 삼십이. 진실이 아니므로 응당 변화되어야 한다

"수보리여.
만일 어떤 사람이 한량없는 아승기 세계에

칠보를 가득히 보시하였고 또 어떤 선남자 선여인은
보살의 마음을 즐겨 일으켜서 이 경전을 지니며
그 가운데에서 네 구절만이라도 읽고 외워서
다른 사람을 위해 해석하여 깨닫게 한다면
이 복은 앞에서 말한 칠보의 보시보다 더 수승하리라.
어떻게 하는 것이 다른 사람을 위해
해석하여 깨닫게 하는 것인가 하면
어떠한 생각을 취하려 하지 말 것이며
마음을 한결같이 움직이지 않는 것이니라.
왜냐하면

일체의 모든 것이 있다는 유위의 법은
꿈이며 환상이며 물거품이며 그림자와 같고
이슬과 같고 번개와 같나니
마땅히 이와 같이 관할지어다."

부처님께서 이 경전을 설해 마치시니
장로 수보리와 비구 비구니와
우바새 우바이와 일체 세간의
천인 아수라등이 이 말씀을 듣고
모두 다 크게 기뻐하며 믿고
받들어 행하였다.

한문원본

만일 모양으로 부처를 보려 하거나
음성으로 부처를 찾으려 한다면
이 사람은 사도를 행하는 자이니
결코 여래를 볼 수 없으리라

제 일. 법회 인유 분 | 第一. 法會因由分

여시아문.

如是我聞.

일시 불 재 사위국 기수급고독원

一時 佛 在 舍衛國 祇樹給孤獨園

여대 비구중 천이백오십인 구.

與大 比丘衆 千二百五十人 俱.

이시 세존 식시 착의지발

爾時 世尊 食時 着衣持鉢

입사위 대성 걸식.

入舍衛 大城 乞食.

어기 성 중 차제 걸이

於基城中 次第 乞已

환지 본처

還至本處

반사흘 수의발 세족이

飯食訖 收衣鉢 洗足已

부좌 이좌.

敷座 而坐.

제 이. 선현 기청 분 | 第二. 善現 起請 分

시 장로 수보리 재대중중 즉종좌기
時 長老 須菩提 在大衆中 卽從座起
편단우견 우슬 착지 합장공경
遍袒右肩 右膝 着地 合掌恭敬
이백 불언.
而白 佛言.
『희유 세존.여래 선호념 제보살
『希有 世尊.如來 善護念 諸菩薩
선부촉 제보살.세존 선남자 선여인
善付囑 諸菩薩.世尊 善男子 善女人
발 아뇩다라삼먁삼보리심
發 阿耨多羅三藐三菩提心
응운하주 운하 항복기심』
應云何住 云何 降伏其心』
불언.
佛言.
『선재선재 수보리.여여소설
『善哉善哉 須菩提. 如汝所說
여래 선호념제보살 선부촉 제보살
如來 善護念諸菩薩 善付囑 諸菩薩

여금제청 당위여설 선남자 선여인
汝今諦聽 當爲汝說 善男子 善女人
발 아뇩다라삼먁삼보리심
發 阿耨多羅三藐三菩提心
응여시주 여시항복기심』
應如是住 如是降伏其心』
『유연 세존. 원요욕문』
『唯然 世尊. 願樂欲聞』

제 삼. 대승정종분 | 第三. 大乘正宗 分

불고 수보리.
佛告 須菩提.
『제 보살마하살 응 여시 항복기심
『諸 菩薩摩訶薩 應 如是 降伏其心
소유일체 중생지류 약난생
所有一切 衆生之類 若卵生
약태생 약습생 약화생 약유색
若胎生 若濕生 若化生 若有色
약무색 약유상 약무상 약비유상
若無色 若有想 若無想 若非有想

비무상 아개 영입 무여열반 이멸도지
非無想 我皆令入 無餘涅槃 而滅度之
여시 멸도 무량 무수 무변 중생
如是 滅度 無量 無數 無邊 衆生
실무 중생 득멸도자」
實無 衆生 得 滅度者」
하이고 수보리 약보살 유아상
何以故 須菩提 若菩薩 有我相
인상 중생상 수자상 즉 비보살』
人相 衆生相 壽者相 卽 非菩薩』

제 사. 묘행 무주 분 | 第四.妙行 無住 分

『부차 수보리. 보살 어법 응무소주
『復次 須菩提. 菩薩 於法 應無所住
행어 보시 소위 부주색 보시
行於 布施 所謂 不住色 布施
부주 성향미촉법 보시.
不住 聲香味觸法 布施.
수보리. 보살 응 여시 보시 부주어상
須菩提. 菩薩 應 如是 布施 不住於相

하이고 약보살 부주상 보시
何以故 若菩薩 不住相 布施
기복덕 불가사량 수보리
其福德 不可思量 須菩提
어의운하 동방허공 가사량부』
於意云何 東方虛空 可思量不』
『불야세존』
『不也 世尊』
『수보리. 남서북방 사유 상하
『須菩提. 南西北方 四維 上下
허공 가사량부』
虛空 可思量不』
『불야세존』
『不也 世尊』
『수보리. 보살 무주상 보시 복덕
『須菩提. 菩薩 無住相 布施 福德
역부여시 불가사량 수보리
亦復如是 不可思量 須菩提
보살 단응여소교주』
菩薩 但應如所教住』

제 오. 여리 실견 분 | 第五. 如理實見分

『수보리 어의운하. 가이신상
『須菩提 於意云何. 可以身相
견 여래부』
見如來不』
『불야 세존. 불가 이 신상 득견 여래.
『不也 世尊. 不可 以 身相 得見 如來.
하이고 여래 소설
何以故 如來 所說
신상 즉비 신상』
身相 卽非 身相』
불 고 수보리.
佛 告 須菩提.
『범 소유상 개시 허망
『凡 所有相 皆是 虛妄
약 견제상 비상 즉견 여래』
若 見諸相 非相 卽見 如來』

제 육. 정신희유분 | 第六. 正信希有分

수보리 백불언.

須菩提 白佛言.

『세존. 파유중생 득문여시

『世尊. 頗有衆生 得聞如是

언설장구 생실신부』

言說章句 生實信不』

불고 수보리.

佛告 須菩提.

『막작시설. 여래 멸후 후오백세

『莫作是說. 如來 滅後 後五百歲

유지계 수복자 어차장구 능

有持戒 修福者 於此章句 能

생신심 이차위실. 당지. 시인

生信心 以此爲實. 當知. 是人

불어 일불 이불 삼 사 오불

不於 一佛 二佛 三 四 五佛

이종선근 이어무량 천만불소

而種善根 已於無量 千萬佛所

종제선근 문시 장구 내지 일념

種諸善根 聞是 章句 乃至 一念

생정신자. 수보리. 여래 실지
生淨信者. 須菩提. 如來 悉知
실견 시제 중생 득 여시 무량복덕.
悉見 是 諸 衆生 得 如是 無量福德.
하이고 시제중생 무부 아상
何以故 是 諸 衆生 無復 我相
인상 중생상 수자상 무법상
人相 衆生相 壽者相 無法相
역무 비법상. 하이고 시제중생
亦無 非法相. 何以故 是 諸 衆生
약 심취상 즉위착 아인중생수자
若 心取相 卽爲着 我人衆生壽者
약 취법상 즉착 아인중생 수자.
若 取法相 卽着 我人衆生壽者.
하이고 약 취비법상 즉 착 아인
何以故 若 取非法相 卽 着 我人
중생수자 시고 불응취법 불응취
衆生壽者 是故 不應取法 不應取
비법.
非法.
이시의고 여래 상 설 여등
以是義故 如來 常 說 汝等
비구 지아설 법 여벌 유자
比丘 知我說 法 如筏 喩者

법상응사 하황비법』
法尚應捨 何況非法』

제 칠. 무득 무설 분 | 第七. 無得無說分

『수보리 어의운하.
『須菩提 於意云何.
여래 득 아뇩다라삼먁삼보리야
如來 得 阿耨多羅三藐三菩提耶
여래 유 소설 법야』
如來 有 所說 法耶』
수보리언.
須菩提言.
『여아해 불 소설의 무유 정법
『如我解 佛 所說義 無有 定法
명 아뇩다라삼먁삼보리 역
名 阿耨多羅三藐三菩提 亦
무유정법 여래가설.
無有定法 如來可說.
하이고 여래 소설 법개 불가취
何以故 如來 所說 法皆 不可取

불가설 비법 비비법.
不可說 非法 非非法.
소이자하 일체 현성 개 이무위법
所以者何 一切 賢聖 皆 以無爲法
이유차별』
而有差別』

제 팔. 의법 출생 분 | 第 八. 依法 出生 分

『수보리 어의운하.
『須菩提 於意云何.
약인 만 삼천대천세계 칠보
若人 滿 三千大千世界 七寶
이용 보시 시인 소득 복덕
以用 布施 是人 所得 福德
영위다부』
寧爲多不』
수보리언.
須菩提言.
『심다 세존. 하이고 시복덕
『甚多 世尊. 何以故 是福德

즉 비복덕 성. 시고 여래 설
卽 非福德性. 是故 如來 說
복덕다』
福德多』
『약 부 유인 어차 경 중 수지
『若 復 有人 於此 經 中 受持
내지 사구게 등 위타인 설 기복승피.
乃至 四句偈 等 爲他人 說 其福勝彼.
하이고 수보리 일체 제불
何以故 須菩提 一切 諸佛
급제불 아뇩다라삼먁삼보리법
及諸佛 阿耨多羅三藐三菩提法
개종 차경 출.
皆從 此經 出.
수보리.
須菩提.
소위 불법자 즉 비불법』
所謂 佛法者 卽 非佛法』

제 구. 일상 무상 분 | 第九. 一相無相分

『수보리 어의운하.
『須菩提 於意云何.
수다원 능작 시념
須陀洹 能作 是念
아 득 수다원과부』
我 得 須陀洹果不』
수보리언.
須菩提言.
『불야 세존. 하이고 수다원
『不也 世尊. 何以故 須陀洹
명 위입류 이무소입 불입
名 爲入流 而無所入 不入
색성향미촉법 시명 수다원』
色聲香味觸法 是名 須陀洹』
『수보리 어의운하. 사다함
『須菩提 於意云何. 斯陀含
능작시념 아득 사다함과부』
能作是念 我 得 斯陀含果不』
수보리언.
須菩提言.

『불야세존. 하이고 사다함

『不也世尊. 何以故 斯陀含

명 일왕래 이실 무왕래

名 一往來 而實 無往來

시명사다함』

是名斯陀含』

『수보리 어의운하. 아나함

『須菩提 於意云何. 阿那含

능작 시념 아 득 아나함과부』

能作 是念 我 得 阿那含果不』

수보리언.

須菩提言.

『불야세존. 하이고 아나함

『不也世尊. 何以故 阿那含

명위 불래 이실 무불래

名爲 不來 而實 無不來

시고 명아나함』

是故 名阿那含』

『수보리 어의운하. 아라한

『須菩提 於意云何. 阿羅漢

능작 시념 아 득 아라한 도부』

能作 是念 我 得 阿羅漢 道不』

수보리언.

須菩提言.

『불야 세존. 하이고 실무유법
『不也 世尊. 何以故 實無有法
명 아라한.
名 阿羅漢.
세존. 약 아라한 작시념 아 득
世尊. 若 阿羅漢 作是念我 得
아라한도 즉 위착 아인중생수자.
阿羅漢道 卽 爲着 我人衆生壽者.
세존.
世尊.
불 설 아 득 무쟁삼매 인중
佛 說 我 得 無諍三昧 人中
최위제일 시제일 이욕아라한.
最爲第一 是第一 離欲阿羅漢.
세존. 아 부작 시념
世尊. 我 不作 是念
아 시 이욕아라한.
我 是 離欲阿羅漢.
세존. 아 약 작시념
世尊. 我 若 作是念
아 득 아라한도.
我 得 阿羅漢道.
세존 즉 불설
世尊 卽 不說

「수보리 시요아란나행자
「須菩提 是樂阿蘭那行者
이 수보리 실 무소행
以 須菩提 實 無所行
이 명 수보리 시요 아란나행」』
而 名 須菩提 是樂阿蘭那行」』

❀ 제 십. 장엄 정토 분 | 第 十. 壯嚴 淨土 分

불고.
佛告.
『수보리 어의운하. 여래 석재
『須菩提 於意云何. 如來 昔在
연등불 소 어법 유 소득부』
燃燈佛 所 於法 有 所得不』
『불야 세존. 여래 재 연등불
『不也 世尊. 如來 在 燃燈佛
소 어법 실 무소득』
所 於法 實 無所得』
『수보리 어의운하.
『須菩提 於意云何.

보살 장엄불토부』

菩薩 莊嚴佛土不』

『불야세존. 하이고 장엄 불토자

『不也 世尊. 何以故 莊嚴 佛土者

즉 비장엄 시명 장엄』

卽 非莊嚴 是名 莊嚴』

『시고 수보리. 제 보살마하살

『是故 須菩提. 諸 菩薩摩訶薩

응 여 시생 청정심 불응 주색생심

應 如是生 淸淨心 不應 住色生心

불응 주성향미촉법 생심

不應 住聲香味觸法 生心

응 무소주 이생 기심.

應 無所住 而生 其心.

수보리.

須菩提.

비여 유인신 여 수미산왕.

譬如 有人身 如 須彌山王.

어의운하 시신 위대부』

於意云何 是身 爲大不』

수보리언.

須菩提言.

『심대 세존. 하이고

『甚大 世尊. 何以故

불설 비신 시명 대신』
佛說非身 是名大身』

제 십일. 무위복승분 | 第十一. 無爲福勝分

『수보리. 여항하 중 소유 사수
『須菩提. 如恒河 中 所有 沙數
여시 사 등 항하 어의운하
如是 沙 等 恒河 於意云何
시제 항하사 영위다부』
是諸 恒河沙 寧爲多不』
수보리언.
須菩提言.
『심다 세존. 단 제 항하 상다
『甚多 世尊. 但 諸 恒河 尚多
무수 하황 기사』
無數 何況 其沙』
『수보리. 아 금 실언 고여 약
『須菩提. 我 今 實言 告汝 若
유 선남자 선여인 이 칠보 만이
有 善男子 善女人 以 七寶 滿爾

소 항하사 수 삼천 대천 세계
所恒河沙 數 三千 大千 世界
이용보시 득복 다부』
以用布施 得福 多不』
수보리언.
須菩提言.
『심다세존』
『甚多 世尊』
불고 수보리.
佛告 須菩提.
『약 선남자 선여인 어차경 중
『若 善男子 善女人 於此經 中
내지 수지 사구게등 위타인 설
乃至 受持 四句偈等 爲他人 說
이차복덕 승 전복덕』
而此福德 勝 前福德』

제 십이. 존중 정교분 | 第 十二. 尊重 正敎 分

『부차 수보리.
『復次 須菩提.

수설 시경 내지 사구게등 당지
隨說 是經 乃至 四句偈等 當知
차처 일체 세간 천인 아수라 개
此處 一切 世間 天人 阿修羅 皆
응공양 여불 탑묘 하황 유인
應供養 如佛 塔廟 何況 有人
진 능 수지 독송.
盡 能 受持 讀誦.
수보리.
須菩提.
당지 시인 성취 최상 제일
當知 是人 成就 最上 第一
희유지법 약 시경전 소재지처
希有之法 若 是經展 所在之處
즉 위 유불 약 존중 제자.』
卽 爲 有佛 若 尊重 弟子.』

✿ 제 십삼. 여법 수지 분 | 第十三. 如法 受持 分

이시 수보리 백 불언.
爾時 須菩提 白 佛言.

『세존당.하 명차경 아등

『世尊當.何名此經我等

운하 봉지』

云何奉持』

불고 수보리.

佛告須菩提.

『시경 명위 금강반야바라밀

『是經名爲金剛般若波羅蜜

이시명자 여당 봉지.

以是名字汝當奉持.

소이자하 수보리.불설

所以者何須菩提.佛說

반야바라밀 즉비 반야바라밀

般若波羅蜜卽非般若波羅蜜

시명 반야바라밀.

是名般若波羅蜜.

수보리 어의운하.

須菩提於意云何.

여래 유 소설 법부』

如來有所說法不』

수보리 백불언.

須菩提白佛言.

『세존.여래 무소설』

『世尊.如來無所說』

『수보리 어의운하. 삼천 대천세계
『須菩提 於意云何. 三千 大千世界
소유미진 시위다부』
所有微塵 是爲多不』
수보리언.
須菩提言.
『심다세존』
『甚多 世尊』
『수보리. 제 미진 여래 설 비미진
『須菩提. 諸 微塵 如來 說 非微塵
시명미진 여래 설 세계
是名微塵 如來 說 世界
비세계 시명 세계.
非世界 是名 世界.
수보리 어의운하.
須菩提 於意云何.
가이 삼십이상 견 여래 부』
可以 三十二相 見 如來 不』
『불야세존. 불가 이 삼십이상
『不也 世尊. 不可 以 三十二相
득견 여래.
得見 如來.
하이고 여래 설
何以故 如來 說

삼십이상 즉시 비상 시명 삼십이상』
三十二相 卽是 非相 是名 三十二相』
『수보리. 약유 선남자 선여인
『須菩提. 若有 善男子 善女人
이항하 사등 신명 보시 약부
以恒河 沙等 身命 布施 若復
유인 어차경 중 내지 수지
有人 於此 經中 乃至 受持
사구게등 위타인설 기복 심다.』
四句偈等 爲他人說 其福 甚多.』

🪷 제 십사. 이 상 적 멸 분 │ 第 十四. 離 相 寂 滅 分

이시 수보리 문설 시경 심해
爾時 須菩提 聞說 是經 深解
의취 체루비읍 이백 불언.
義趣 涕淚悲泣 而白 佛言.
『희유 세존. 불설 여시 심심
『希有 世尊. 佛說 如是 甚深
경전 아종 석래 소득 혜안
經典 我從 昔來 所得 慧眼

미증득문 여시지경.

米曾得聞 如是之經.

세존 약부 유인 득문 시경

世尊 若復 有人 得聞 是經

신심청정 즉 생실상 당지

信心淸淨 卽 生實相 當 知

시인 성취 제일 희유 공덕.

是人 成就 第一 希有 功德.

세존 시실상자 즉 시비상

世尊 是實相者 卽 是非相

시고 여래 설 명 실상.

是故 如來 說 名 實相.

세존.

世尊.

아금 득문 여시 경전 신해

我今 得聞 如是 經典 信解

수지 부족 위난 약 당래세후 오백세

受持 不足 爲難 若 當來世後 五百世

기유 중생 득문 시경신해 수지

其有 衆生 得聞 是經信解 受持

시인 즉위 제일 희유

是人 卽爲 第一 希有

하이고 차인 무아상 무인상

何以故 此人 無我相 無人相

무중생상 무수자상.

無衆生相 無壽者相.

소이자하 아상 즉시 비상 인상

所以者何 我相 卽是 非相 人相

중생상 수자상 즉시 비상.

衆生相 壽者相 卽是 非相.

하이고

何以故

이 일체 제상 즉명 제불.』

離 一切 諸相 卽 名 諸佛.』

불고 수보리.

佛告 須菩提.

『여시 여시. 약부 유인

『如是 如是. 若復 有人

득문 시경 불경 불포 불외 당지

得聞 是經 不驚 不怖 不畏 當知

시인 심위 희유.

是人 甚爲 希有.

하이고 수보리.

何以故 須菩提.

여래 설 제일 바라밀

如來 說 第一 波羅蜜

즉 비제일 바라밀

卽 非第一 波羅蜜

시명 제일 바라밀.

是名 第一 波羅蜜.

수보리.

須菩提.

인욕바라밀 여래 설 비 인욕바라밀

忍辱波羅蜜 如來 說 非 忍辱波羅蜜

시명 인욕바라밀.

是名 忍辱波羅蜜.

하이고 수보리.

何以故 須菩提.

여 아 석위 가리왕 할절 신체

如我 昔爲 歌利王 割截 身體

아어 이시 무아상 무인상 무중생상

我於 爾時 無我相 無人相 無眾生相

무수자상.

無壽者相.

하이고

何以故

아어 왕석 절절 지해시

我於 往昔 節節 支解時

약유 아상 인상 중생상 수자상

若有 我相 人相 眾生相 壽者相

응생 진한.

應生 瞋恨.

수보리.

須菩提.

우 념 과거 어 오백세 작 인욕선인

又 念 過去 於五百世 作 忍辱仙人

어이 소세 무아상 무인상

於爾 所世 無我相 無人相

무중생상 무수자상.

無衆生相 無壽者相.

시고 수보리. 보살 응리 일체상

是故 須菩提. 菩薩 應離 一切相

발 아뇩다라 삼먁삼보리심

發 阿耨多羅 三藐三菩提心

불응 주색 생심

不應 住色 生心

불응 주 성향미촉법 생심

不應 住 聲香味觸法 生心

응생 무소주심.

應生 無所住心.

약 심유주 즉 위비주 시고

若 心有住 卽 爲非住 是故

불 설 보살심 불응 주색 보시.

佛 說 菩薩心 不應 住色 布施.

수보리.

須菩提.

보살 위 이익 일체 중생 응여시 보시
菩薩 爲 利益 一切 衆生 應如是 布施
여래 설 일체 제상 즉 시 비상
如來 說 一切 諸相 卽 是 非相
우 설 일체 중생
又 說 一切 衆生
즉비 중생.
卽非 衆生.
수보리.
須菩提.
여래 시 진어자 실어자 여어자
如來 是 眞於者 實語者 如語者
불광어자 불이어자.
不誑語者 不異語者.
수보리.
須菩提.
여래 소득법 차법 무실무허.
如來 所得法 此法 無實無虛.
수보리.
須菩提.
약 보살 심 주 어법 이행 보시
若 菩薩 心 住 於法 而行 布施
여인 입암 즉 무소견 약 보살심
如人 入闇 卽 無所見 若 菩薩心

부주법 이행 보시 여인 유목
不住法 而行 布施 如人 有目
일광 명조 견종 종색.
日光 明照 見種 種色.
수보리.
須菩提.
당래 지세 약유 선남자 선여인
當來 之世 若有 善男子 善女人
능 어차경 수지 독송 즉 위여래
能 於此經 受持 讀誦 卽 爲如來
이불 지혜 실지 시인 실견 시인
以佛 智慧 悉知 是人 悉見 是人
개득 성취 무량무변 공덕』
皆得 成就 無量無邊 功德』

제 십오. 지경 공덕 분 | 第十五.持經功德分

『수보리.
『須菩提.
약유 선남자 선여인
若有 善男子 善女人

초일분 이 항하사등 신보시
初日分 以 恒河沙等 身布施
중일분 부이 항하사등 신보시
中日分 復以 恒河沙等 身布施
후일분 역이 항하사등 신보시
後日分 亦以 恒河沙等 身布施
여시 무량 백천만억겁 이신보시.
如是 無量 百千萬億劫 以身布施.
약부 유인 문차경전
若復 有人 聞此經展
신심 불역 기복 승피 하황
信心 不逆 其福 勝彼 何況
서사 수지독송 위인 해설.
書寫 受持讀誦 爲人解說.
수보리.
須菩提.
이 요언지 시경 유불가사의
以 要言之 是經 有不可思議
불가칭량 무변공덕
不可稱量 無邊功德
여래 위발 대승자 설
如來 爲發 大乘者 說
위발 최상승자 설.
爲發 最上乘者 說

약유인 능 수지 독송

若有人能受持 讀誦

광 위인 설 여래 실지시인

廣爲人說 如來 悉知是人

실견 시인 개득 성취 불가량

悉見是人 皆得 成就 不可量

불가칭 무유변 불가사의 공덕.

不可稱 無有邊 不可思議 功德.

여시인등 즉 위하담

如是人等 卽 爲荷擔

여래 아뇩다라삼먁삼보리.

如來 阿耨多羅三藐三菩提.

하이고 수보리.

何以故 須菩提.

약요 소법자 착 아견 인견

若樂小法者 着我見人見

중생견 수자견 즉 어차경

衆生見 壽者見 卽 於此經

불능 청수 독송 위인 해설.

不能聽受 讀誦 爲人解說.

수보리.

須菩提.

재재처처 약 유차경 일체

在在處處 若 有此經 一切

세간 천인 아수라 소응공양
世間 天人 阿修羅 所應供養
당지 차처 즉위시탑 개응 공경
當知 此處 卽 爲是塔 皆應 恭敬
작례 위요 이제 화향
作禮 圍遶 以諸 華香
이산 기처』
而散 其處』

🪷 제 십육. 능정 업장 분 | 第十六. 能淨業障分

『부차 수보리.
『復此 須菩提.
선남자 선여인 수지 독송 차경
善男子 善女人 受持 讀誦 此經
약 위인 경천 시인 선세 죄업
若 爲人 輕賤 是人 先世 罪業
응 타악도 이 금세인 경천고
應 墮惡道 以 今世人 輕賤故
선세 죄업 즉위소멸
先世 罪業 卽 爲消滅

당득 아뇩다라삼먁삼보리.
當得 阿耨多羅三藐三菩提.
수보리. 아 념 과거
須菩提. 我 念 過去
무량 아승지겁 어 연등불전
無量 阿僧祇劫 於 燃燈佛前
득치 팔백사천만억 나유타
得值 八百四千萬億 那由他
제불 실개 공양 승사
諸佛 悉皆 供養 承事
무공과자.
無空過者.
약 부유인 어후 말세 능 수지
若 復有人 於後 末世 能 受持
독송 차경 소득 공덕
讀誦 此經 所得 功德
어아 소공양 제불 공덕 백분
於我 所供養 諸佛 功德 百分
불급일 천만억분 내지 산수비유
不及一 千萬億分 乃之 算數譬喻
소불능급.
所不能及.
수보리.
須菩提.

약 선남자 선여인 어후 말세
若 善男子 善女人 於後 末世
유수지 독송 차경 소득 공덕
有受持 讀誦 此經 所得 功德
아 약 구설자 혹 유인문
我 若 具說者 或 有人聞
심 즉 광란 호의 불신.
心 卽 狂亂 狐疑 不信.
수보리.
須菩提.
당지 시경의 불가사의
當知 是經義 不可思議
과보 역 불가사의』
果報 亦 不可思議』

🪷 제 십칠. 구경 무아 분 | 第 十七. 究竟 無我 分

이시 수보리 백불언.
爾時 須菩提 白佛言.
『세존 선남자 선여인
『世尊 善男子 善女人

발 아뇩다라삼먁삼보리심
發 阿耨多羅三藐三菩提心
운하 응주 운하 항복 기심』
云何 應住 云何 降伏 其心』
불고.
佛告.
『수보리. 약 선남자 선여인
『須菩提. 若 善男子 善女人
발 아뇩다라삼먁삼보리심자
發 阿耨多羅三藐三菩提心者
당생 여 시심.
當生 如 是心.
「아응 멸도 일체 중생
「我應 滅度 一切 衆生
멸도일체중생 이
滅度一切衆生 已
이 무유일 중생 실멸도자.」
而無有一衆生 實滅度者.」
하이고 수보리.
何以故 須菩提.
약 보살 유아상 인상 중생상
若 菩薩 有我相 人相 衆生相
수자상 즉 비보살.
壽者相 卽 非菩薩.

소이자하.

所以者何.

수보리.실 무유법

須菩提.實 無有法

「발 아뇩다라삼먁삼보리심자」

「發 阿耨多羅三藐三菩提心者」

수보리 어의운하.

須菩提 於意云何.

여래 어연등불소 유법

如來 於燃燈佛所 有法

득아뇩다라삼먁삼보리부』

得阿耨多羅三藐三菩提不』

『불야 세존.

『不也 世尊.

여아 해불 소설 의

如我 解佛 所說 義

불 어연등불소「무유법

佛 於燃燈佛所「無有法

득 아뇩다라삼먁삼보리」』

得 阿耨多羅三藐三菩提」』

불 언.

佛 言.

『여시 여시.

『如是 如是.

수보리. 실 무유법 여래
須菩提. 實 無有法 如來
득아뇩다라삼먁삼보리.
得阿耨多羅三藐三菩提.
수보리. 약유법「여래 득
須菩提. 若有法「如來 得
아뇩다라삼먁삼보리자」
阿耨多羅三藐三菩提者」
연등불 즉 불여 아 수기
燃燈佛 卽 不與 我 授記
「여어 내세 당득 작불
「汝於 來世 當得 作佛
호 석가모니」이 실무유법
號 釋迦牟尼」以 實無有法
득 아뇩다라삼먁삼보리
得 阿耨多羅三藐三菩提
시고 연등불 여 아 수기작 시언
是故 燃燈佛 與 我 授記作 是言
「여어 내세당 득 작불 호 석가모니.」
「汝於 來世當 得 作佛 號 釋迦牟尼.」
하이고
何以故
여래자 즉 제법여의.
如來者 卽 諸法如義.

약 유인언
若 有人言
「여래 득 아뇩다라삼먁삼보리」
「如來 得 阿耨多羅三藐三菩提」
수보리. 실 무유법 불 득
須菩提. 實 無有法 佛 得
아뇩다라삼먁삼보리.
阿耨多羅三藐三菩提.
수보리.
須菩提.
여래 득 아뇩다라삼먁삼보리
如來 得 阿耨多羅三藐三菩提
어시중 무실무허.
於是中 無實無虛.
시고 여래 설
是故 女來 說
일체법 개시 불법.
一切法 皆是 佛法.
수보리. 소언「일체법자」
須菩提. 所言「一切法者」
즉 비일체법 시고 명 일체법
卽 非一切法 是故 名 一切法
수보리. 비여 인신장대』
須菩提. 譬如 人身長大』

수보리 언.

須菩提 言.

『세존. 여래 설 인신장대

『世尊. 如來 說 人身長大

즉 위 비대신 시명대신』

卽 爲 非大身 是名大身』

『수보리. 보살 역 여시

『須菩提. 菩薩 亦 如是

약 작시언「아 당 멸도 무량중생」

若 作是言「我 當 滅度 無量衆生」

즉 불명 보살.

卽 不名 菩薩.

하이고 수보리

何以故 須菩提

실 무유법 명 위보살.

實 無有法 名 爲菩薩.

시고 불 설 일체법 무아 무인

是故 佛 說 一切法 無我 無人

무중생 무수자.

無衆生 無壽者.

수보리. 약 보살 작시언

壽菩提. 若 菩薩 作是言

「아 당 장엄 불토」시 불명 보살.

「我 當 壯嚴 佛土」是 不名 菩薩.

하이고 여래 설 장엄 불토자
何以故 如來 說 壯嚴 佛土者
즉 비 장엄 시 명 장엄.
卽 非 壯嚴 是名 壯嚴.
수보리.
須菩提.
약 보살 통달 무아법자
若 菩薩 通達 無我法者
여래 설 명 진 시 보살』
如來 說 名 眞 是 菩薩.』

제 십팔. 일체 동관 분 | 第 十八. 一體 同觀 分

『수보리 어의운하.
『須菩提 於意云何.
여래 유 육안부』
如來 有 肉眼不』
『여시 세존. 여래 유 육안』
『如是 世尊. 如來 有 肉眼』
『수보리 어의운하.
『須菩提 於意云何.

여래 유 천안부』
如來 有 天眼不』
『여시 세존. 여래 유 천안』
『如是 世尊. 如來 有 天眼』
『수보리 어의운하.
『須菩提 於意云何.
여래 유 혜안부』
如來 有 慧眼不』
『여시 세존. 여래 유 혜안』
『如是 世尊. 如來 有 慧眼』
『수보리 어의운하.
『須菩提 於意云何.
여래 유 법안부』
如來 有 法眼不』
『여시 세존. 여래 유 법안』
『如是 世尊. 如來 有 法眼』
『수보리 어의운하.
『須菩提 於意云何.
여래 유 불안부』
如來 有 佛眼不』
『여시 세존. 여래 유 불안』
『如是 世尊. 如來 有 佛眼』
『수보리 어의운하.
『須菩提 於意云何.

여 항하 중 소유사
如 恒河 中 所有沙
불 설 시사부』
佛 說 是 沙 不』
『여시 세존. 여래 설 시사』
『如是 世尊. 如來 說 是 沙』
『수보리 어의운하.
『須菩提 於意云何.
여일 항하 중 소유사 유여 시사등
如一 恒河 中 所有沙 有如 是 沙等
항하 시제 항하 소유사 수
恒河 是 諸 恒河 所有 沙 數
불 세계 여시 영위 다부』
佛 世界 如是 寧爲 多 不』
『심다 세존』
『甚 多 世尊』
불 고 수보리.
佛 告 須菩提.
『이. 소국토 중 소유중생
『爾. 所國土 中 所有衆生
약 간종심 여래 실지.
若 干種心 如來 悉知.
하이고 여래 설 제심
何以故 如來 說 諸心

개위 비심 시명 위심.
皆爲 非心 是名 爲心.
소이자하.
所以者何.
수보리 과거심 불가득 현재심
須菩提 過去心 不可得 現在心
불가득 미래심 불가득』
不可得 未來心 不可得』

제 십구. 법계 통화 분 | 第 十九. 法界 通化 分

『수보리 어의운하.
『須菩提 於意云何.
약 유인
若 有人
만삼천대천세계 칠보 이용보시
滿三千大千世界 七寶 以用布施
시인 이시 인연 득복 다부』
是人 以是 因緣 得福 多不』
『여시 세존. 차인 이시 인연
『如是 世尊. 此人 以是 因緣

득복 심다』
得福 甚多』
『수보리.
『須菩提.
약 복덕 유실 여래 불설
若 福德 有實 如來 不說
득복덕다. 이 복덕 무고
得福德多. 以 福德 無故
여래 설 득복덕 다』
如來 說 得福德 多』

제 이십. 이색 이상 분 │第 二十. 離色 離相 分

『수보리 어의운하.
『須菩提 於意云何.
불 가이 구족색신 견부』
佛 可以 具足色身 見不』
『불야 세존.
『不也 世尊.
여래 불응 이 구족색신 견.
如來 不應 以 具足色身 見.

하이고. 여래 설 구족색신
何以故. 如來說 具足色身
즉비 구족색신
卽非 具足色身
시명 구족색신』
是名 具足色身』
『수보리 어의운하.
『須菩提 於意云何.
여래 가이 구족제상견부』
如來 可以 具足諸相 見不』
『불야세존.
『不也 世尊.
여래 불응이 구족제상견.
如來 不應吏 具足諸相 見.
하이고.
何以故.
여래 설 제상구족
如來 說 諸相具足
즉비 구족
卽非 具足
시명 제상구족』
是名 諸相具足』

제 이십일. 비설 소설 분 | 第二十一. 非說 所說 分

『수보리.
『須菩提.
여 물위 여래 작시념
汝 勿謂 如來 作是念
「아 당 유소설법」막작 시념.
「我 當 有所說法」莫作 是念.
하이고
何以故
약인 언「여래 유소 설법」
若人 言「如來 有所 說法」
즉위 방불
卽爲 謗佛
「불능해 아소설고」
「不能解 我 所說故」
수보리. 설법자
須菩提. 說法者
무법 가설 시명 설법』
無法 可說 是名 說法』
이시 혜명 수보리 백 불언.
爾時 慧命 須菩提 白 佛言.

『세존.
『世尊.
파유 중생 어 미래세
頗有 衆生 於 未來世
문설 시법 생신 심부』
聞說 是法 生信 心不』
불언.
佛言.
『수보리.
『須菩提.
피 비 중생 비 불 중생.
彼 非 衆生 非 不 衆生.
하이고 수보리.
何以故 須菩提.
중생 중생자 여래 설
衆生 衆生者 如來 說
비 중생 시 명 중생』
非 衆生 是 名 衆生』

제 이십이. 무법 가득 분 | 第二十二. 無法 可得 分

수보리 백 불언.
須菩提 白佛言.
『세존.
『世尊.
불 득 아뇩다라삼먁삼보리
佛 得 阿耨多羅三藐三菩提
위 무소득야』
爲 無所得也』
불언.
佛言.
『여시 여시 수보리.
『如是 如是 須菩提.
아 어 아뇩다라삼먁삼보리
我 於 阿耨多羅三藐三菩提
내지 무유소법 가득
内之 無有少法 可得
시명 아뇩다라삼먁삼보리』
是名 阿耨多羅三藐三菩提』

제 이십삼. 정심 행선 분 | 第二十三. 淨心行善分

『부차 수보리.
『復此 須菩提.

시법 평등 무유고하
是法 平等 無有高下

시명 아뇩다라삼먁삼보리
是名 阿耨多羅三藐三菩提

이 무아 무인 무중생 무수자
以無我 無人 無衆生 無壽者

수 일체 선법
修 一切 善法

즉 득 아뇩다라삼먁삼보리.
卽 得 阿耨多羅三藐三菩提.

수보리.
須菩提.

소언 선법자 여래 설
所言 善法者 如來 說

즉 비선법 시명 선법』
卽 非善法 是名 善法』

제 이십사. 복지 무비 분 | 第 二十四. 福智 無比 分

『수보리.
『須菩提.
약 삼천대천 세계 중 소유제
若 三千大千 世界 中 所有諸
수미산왕 여시등 칠보취
須彌山王 如是等 七寶聚
유인 지용 보시
有人 持用 布施
약인 이차 반야바라밀경
若人 以此 般若波羅蜜經
내지 사구게등 수지 독송
内之 四句偈等 受持 讀誦
위타인 설 어전 복덕 백분
爲他人 說 於前 福德 百分
불급일 백천만억분 내지
不及一 百千萬億分 内之
산수 비유 소불능급』
算數 譬喻 所不能及』

제 이십오. 화무 소화 분 | 第二十五. 化無所化分

『수보리 어의운하.
『須菩提 於意云何.
여등 물위 여래 작시념
汝等 勿謂 如來 作是念
「아당도 중생」
「我當度 眾生」
수보리 막작 시념.
須菩提 莫作 是念.
하이고.
何以故.
실 무유중생 여래 도자.
實無有眾生 如來 度者.
약 유중생 여래 도자
若有眾生 如來 度者
여래 즉 유아 유인 유중생
如來 即 有我 有人 有眾生
유수자.
有壽者.
수보리.
須菩提.

여래 설 유아자 즉 비유아
如來說有我者卽非有我
이 범부 지인 이위 유아.
而凡夫之人以爲有我.
수보리.
須菩提.
범부자 여래 설
凡夫者如來說
즉 비 범부 시 명 범부』
卽非凡夫是名凡夫』

제 이십육. 법신 비상 분 | 第二十六. 法身 非相 分

『수보리 어의운하.
『須菩提 於意云何.
가이 삼십이상 관 여래부』
可以三十二相觀如來不』
수보리언.
須菩提言.
『여시여시.
『如是如是.

이 삼십이상관여래』

以三十二相觀如來』

불언.

佛言.

『수보리.

『須菩提.

약이 삼십이상관여래자

若以三十二相觀如來者

전륜성왕즉시여래』

轉輪聖王卽是如來』

수보리백불언.

須菩提白佛言.

『세존.

『世尊.

여아해불소설의

如我解佛所說義

불응이 삼십이상관여래』

不應以三十二相觀如來』

이시세존이 설게언.

爾時世尊而說偈言.

『약이색견아

『若以色見我

이음성구아

以音聲求我

시인 행사 도
是人行邪道
불능견여래』
不能見如來』

🪷 제 이십칠. 무단 무멸 분 |第二十七.無斷無滅分

『**수보리여 약작시념.**
『須菩提 汝若 作是念.
「**여래 불 이구족 상고**
「如來 不以具足 相故
득 아뇩다라삼먁삼보리.」
得阿耨多羅三藐三菩提」
수보리 막 작시념.
須菩提 莫 作是念.
여래 불 이구족 상고
如來 不以具足 相故
득 아뇩다라삼먁삼보리.
得阿耨多羅三藐三菩提.
수보리여 약 작시념.
須菩提 汝若 作是念.

「발 아뇩다라삼먁삼보리심자
「發 阿耨多羅三藐三菩提心者
설 제법 단멸」막작시념.
說 諸法 斷滅」莫作是念.
하이고.
何以故.
발 아뇩다라삼먁삼보리심자
發 阿耨多羅三藐三菩提心者
어법 불설 단멸상』
於法 不說 斷滅相.』

제 이십팔. 불수 불탐 분 | 第 二十八. 不受 不貪 分

『수보리.
『須菩提.
약 보살 이만 항하사등
若 菩薩 以滿 恒河沙等
세계 칠보 지용 보시
世界 七寶 持用 布施
약 부 유인
若 復 有人

지일체법 무아득성 어인
知一切法 無我得成 於忍
차보살 승전보살소득 공덕.
此菩薩 勝前菩薩所得 功德.
하이고 수보리.
何以故 須菩提.
이제 보살 불수 복덕 고』
以諸 菩薩 不受 福德 故.』
수보리 백 불언.
須菩提 白佛言.
『세존.
『世尊.
운하 보살 불수 복덕』
云何 菩薩 不受 福德.』
『수보리.
『須菩提.
보살 소작 복덕 불응 탐착.
菩薩 所作 福德 不應 貪着.
시고 설 불수 복덕』
是故 說 不受 福德.』

제 이십구. 위의 적정 분 | 第二十九. 威儀寂靜 分

『수보리.
『須菩提.

약유인 언
若有人言

「여래 약래 약거 약좌 약와」
「如來若來若去若坐若臥」

시인 불해 아 소설 의.
是人不解我所說義.

하이고.
何以故.

여래자 무 소종래
如來者無所從來

역 무소거 고 명여래』
亦無所去故名如來』

제 삼십.일합이상분 | 第三十.一合理相分

『수보리.
『須菩提.

약 선남자 선여인
若 善男子 善女人

이 삼천대천세계 쇄위 미진
以三千大千世界 碎爲 微塵

어의운하.
於意云何.

시 미진중 영위다부』
是 微塵衆 寧爲多不』

수보리 언.
須菩提 言.

『심다 세존.
『甚多 世尊.

하이고.
何以故.

약 시「미진중」「실유자」
若 是「微塵衆」「實有者」

불 즉 불설 시 미진중.
佛 卽 不說 是 微塵衆.

소이자하.
所以者何.
불설 미진중 즉 비미진중
佛說 微塵衆 卽 非微塵衆
시명 미진중.
是名 微塵衆.
세존.
世尊.
여래 소설 삼천대천세계
如來 所說 三千大千世界
즉비세계 시명 세계.
卽 非世界 是名 世界.
하이고.
何以故.
약 세계 실 유자 즉 시일합상
若 世界 實 有者 卽 是一合相
여래설 일합상 즉비 일합상
如來說 一合相 卽 非 一合相
시명 일합상.』
是名 一合相.』
『수보리.
『須菩提.
「일합상자」 즉 시불가설
「一合相者」 卽 是 不可說

단 범부지인 탐착기사』
但 凡夫之人 貪着其事』

🪷 제 삼십일. 지견 불생 분 | 第三十一. 知見 不生 分

『수보리.
『須菩提.
약인 언
若人 言
「불 설 아견 인견 중생견수자견」
「佛說 我見 人見 衆生見壽者見」
수보리 어의운하.
須菩提 於意云何.
시인 해 아 소설 의부』
是人 解我 所說 義不』
『불야 세존.
『不也 世尊.
시인 불해 여래 소설 의.
是人 不解 如來 所說 義.
하이고 세존설.
何以故 世尊說.

아견 인견 중생견 수자견
我見人見衆生見壽者見
즉비 아견 인견 중생견 수자견
卽非我見人見衆生見壽者見
시명 아견 인견 중생견
是名我見人見衆生見
수자견』
壽者見』
『수보리.
『須菩提.
발 아뇩다라삼먁삼보리심자
發阿耨多羅三藐三菩提心者
어일체법 응여 시지 여시견
於一切法應如是知如是見
여시 신해 불생법상.
如是信解不生法相.
수보리.
須菩提.
소언 법상자 여래 설
所言法相者如來說
즉비법상 시명 법상』
卽非法相是名法相』

제 삼십이. 응화 비진 분 | 第三十二. 應化非眞 分

『수보리.
『須菩提.

약 유인 이만 무량 아승지
若有人以滿無量阿僧祇

세계 칠보 지용 보시.
世界七菩持用布施.

약유 선남자 선여인
若有善男者善女人

발보살심자 지어 차경 내지
發菩薩心者持於此經內之

사구게등 수지 독송위인 연설
四句偈等受持讀誦爲人演說

기복 승피.
其福勝彼.

운하 위인 연설
云何爲人演說

불취 어상 여여부동
不取於相如如不動

하이고
何以故
일체 유위법
一切 有爲法
여몽 환포영
如夢 幻泡影
여로 역여전
如露 亦如電
응작 여시관』
應作 如是觀』

불 설 시 경 이
佛 說 是 經 已
장로 수보리 급제 비구 비구니
長老 須菩提 及諸 比丘 比丘尼
우바새 우바이 일체 세간
優婆塞 優婆夷 一切 世間
천인 아수라 문 불 소설
天人 阿修羅 聞 佛 所說
개 대환희 신수 봉행.
皆 大歡喜 信受 奉行.

한문·한글본

일체의 모든 것이 있다는 유위의 법은
꿈이며 환상이며 물거품이며
그림자와 같고
이슬과 같고 번개와 같나니
마땅히 이와 같이 관할지어다

제 일. 법회 인유분 | 第一. 法會因由分

여시아문.

如是我聞.

일시 불 재사위국 기수급고독원

一時 佛 在舍衛國 祇樹給孤獨園

여대 비구중 천이백오십인 구.

與大 比丘衆 千二百五十人 俱.

이시 세존 식시 착의지발

爾時 世尊 食時 着衣持鉢

입사위대성 걸식.

入舍衛大城 乞食.

어기 성 중 차제 걸이

於基城 中 次第 乞已

환지본처

還至本處

반사흘 수의발 세족이

飯食訖 收衣鉢 洗足已

부좌이좌.

敷座而坐.

제 일. 법회는 이러한 인연으로 열렸다

나는 이와 같이 들었다.
한 때 부처님께서는 사위국의
기수급 고독원에 큰 비구승
천이백오십 인과 함께 계셨다.
마침 세존께서는
공양을 드실 때가 되셨기에
가사를 드리우고 발우를 들고
성 안으로 들어가셨다.
그리고 집집마다 차례차례로
밥을 얻어 본처소로 돌아오셨다.
곧 공양을 마치신 후에
가사와 발우를 정리하고
발을 씻으신 다음
자리를 펴고 앉으셨다.

제 이. 선현기청 분 | 第二. 善現 起請 分

시 장로 수보리 재대중중 즉종좌기
時 長老 須菩提 在大衆中 卽從座起

편단우견 우슬착지 합장공경
遍袒右肩 右膝着地 合掌恭敬

이백 불언.
而白 佛言.

『희유 세존. 여래 선호념 제보살
『希有 世尊. 如來 善護念 諸菩薩

선부촉 제보살. 세존 선남자 선여인
善付囑 諸菩薩. 世尊 善男子 善女人

발 아뇩다라삼먁삼보리심
發 阿耨多羅三藐三菩提心

응운하주 운하 항복기심』
應云何住 云何 降伏其心』

불언.
佛言.

『선재선재 수보리. 여여소설
『善哉善哉 須菩提. 如汝所說

여래 선호념제보살 선부촉 제보살.
如來 善護念諸菩薩 善付囑 諸菩薩.

제 이. 선현 장로 수보리가 법을 청하기 시작하다

이때 장로 수보리가 대중들과 함께
있다가 문득 일어나더니 오른쪽 어깨의
옷을 벗고 오른쪽 무릎을 땅에 꿇어
합장공경하며 부처님께 여쭈었다.
『희유하시옵니다 세존이시여.
여래께서는 모든 보살들을 잘 보호하시고
잘 살펴주십니다만 세존이시여.
선남자 선여인이 아뇩다라삼먁삼보리의
깨달음을 이루고자 하면
그 마음을 어떻게 머무르게 하며
어떻게 그 마음을 항복받아야
하겠나이까.』
부처님께서 말씀하셨다.
『착하도다 착하도다 수보리여.
그대의 말처럼 여래는 모든 보살들을
잘 보호하며 잘 보살피느니라.

여금제청 당위여설 선남자

汝今諦聽 當爲汝說 善男子

선여인 발아뇩다라삼먁삼보리심

善女人 發阿耨多羅三藐三菩提心

응여시주 여시항복기심』

應如是住 如是降伏其心』

『유연 세존 원요욕문』

『唯然 世尊 願樂欲聞』

제 삼. 대승정종분 | 第三. 大乘正宗 分

불고 수보리.

佛告 須菩提.

『제 보살마하살 응 여시 항복기심

『諸 菩薩摩訶薩 應 如是 降伏其心

「소유일체 중생지류 약난생

「所有一切 衆生之類 若卵生

약태생 약습생 약화생 약유색

若胎生 若濕生 若化生 若有色

약무색 약유상 약무상 약비유상 비무상

若無色 若有想 若無想 若非有想 非無想

그러므로 지금부터 그대들을 위하여 말할 것이니
자세히 들으라. 선남자 선여인이
아뇩다라삼먁삼보리의 깨달음을
이루고자 한다면 그 마음을 마땅히
이와 같이 머무르고 이와 같이
항복받아야 할 것이니라.』
『그리하겠습니다 세존이시여.
원하오니 듣고자 하옵니다.』

제 삼. 대승의 바른 근본은

부처님께서 수보리에게 말씀하셨다.
『모든 보살마하살은 마땅히 이와 같이
그 마음을 항복시켜야 할 것이니라.
'일체 모든 중생의 종류에는 알로 나는
것과 태로 나는 것과 습기로 나는 것과
우연자연으로 화하여 생기는 것과 색이
있는 것과 색이 없는 것과 생각이 있는
것과 생각이 없는 것 그리고 생각이
있는 것도 아니요
생각이 없는 것도 아닌 것들이 있다.

아개영입 무여열반

我皆令入 無餘涅槃

이멸도지 여시 멸도 무량 무수

而滅度之 如是 滅度 無量 無數

무변 중생 실무 중생 득멸도자」

無邊 衆生 實無 衆生 得 滅度者」

하이고 수보리 약보살 유아상

何以故 須菩提 若菩薩 有我相

인상 중생상 수자상 즉 비보살』

人相 衆生相 壽者相 卽 非菩薩』

❀ 제 사. 묘행 무주 분 | 第四. 妙行 無住 分

『부차 수보리. 보살 어법 응

『復次 須菩提. 菩薩 於法 應

무소주 행어 보시 소위 부주

無所住 行於 布施 所謂 不住

색보시 부주 성향미촉법 보시

色布施 不住 聲香味觸法 布施

수보리. 보살 응 여시 보시 부주어상.

須菩提. 菩薩 應 如是 布施 不住於相.

나는 이 모든 것을
두루 다 남김없이 해탈하여 열반에
들도록 제도할 것이나 이처럼
한량없이 많은 중생들을 제도하지만
사실은 한 중생도 제도한 자가 없노라'
왜냐하면 수보리여.
보살이 나의 모습이 있으며 너의 모습
중생의 모습 그리고 생명의 모습까지도
있다고 한다면 이는 곧 보살이 아니기
때문이니라.』

제 사. 빼어난 행위에도 머무름이 없어야 한다

『또한 수보리여. 보살은 어떠한 법에
도 마땅히 머무름 없이 보시해야 하느니라.
이를테면 모양에 머무르지 말며
소리 냄새 맛 감촉 법에도 머무름 없이
보시하여야 될 것이니 수보리여.
보살은 응당 이와 같이 어떠한 모습에도
머물지 않아야 하느니라.

하이고 약보살 부주상보시
何以故 若菩薩 不住相布施
기복덕 불가사량.
其福德 不可思量.
수보리 어의운하 동방허공 가사량부』
須菩提 於意云何 東方虛空 可思量不』
『불야 세존』
『不也 世尊』
『수보리. 남서북방 사유 상하
『須菩提. 南西北方 四維上下
허공 가사량부』
虛空 可思量不』
『불야 세존』
『不也 世尊』
『수보리. 보살 무주상 보시복덕
『須菩提. 菩薩 無住相 布施福德
역부여시 불가사량 수보리
亦復如是 不可思量 須菩提
보살 단응여소교주』
菩薩 但應如所教住』

왜냐하면 만약 보살이 모습에
머물지 않고 보시를 한다면
그 복덕은 가히 생각으로는 헤아릴
수 없을 것이니라. 수보리여 그대는
어찌 생각하는가. 동방 허공을
가히 생각으로 헤아릴 수 있겠는가.』
『헤아릴 수 없습니다. 세존이시여.』
『그렇다면 수보리여.
남서북방 사유상하의 허공을
가히 생각으로 헤아릴 수 있겠는가.』
『헤아릴 수 없습니다 세존이시여.』
『수보리여.
보살이 모습에 머무름 없이 보시한다면
복덕도 또한 이와 같아서
가히 생각으로는 헤아릴 수 없는 것이니
보살은 응당 이러한 가르침에
머물러야만 될 것이니라.』

제 오. 여리실견 분 | 第五.如理實見分

『수보리 어의운하. 가이신상

『須菩提 於意云何. 可以身相

견 여래부』

見如來不』

『불야세존. 불가이 신상

『不也世尊. 不可以身相

득견 여래. 하이고 여래 소설

得見如來. 何以故如來所說

신상 즉비 신상』

身相即非身相』

불고 수보리.

佛告須菩提.

『범 소유상 개시 허망 약견

『凡所有相皆是虛妄若見

제상 비상 즉견 여래』

諸相非相即見如來』

제 오. 깨달음을 이루면 여래를 볼 것이다

『수보리여 그대는 어찌 생각하는가.
육신의 모습을 보고 여래라고 할 수 있겠는가.』
『할 수 없습니다 세존이시여.
육신의 모습을 보고 여래를 보았다고
하는 것은 옳지 않습니다.
왜냐하오면
부처님께서 여래를 설명하실 때
육신의 모습은
곧 육신의 모습이 아니라고
하셨기 때문입니다.』
부처님께서 수보리에게 말씀하셨다.
『무릇 모습을 지녔다는 것은
모두 허망한 것이다.
만일 모든 모습을 볼때
그것은 참 모습이 아님을 안다면
즉시 여래(자성불)를 볼 것이니라.』

제 육. 정신희유분 | 第六. 正信希有分

수보리 백불언.

須菩提 白佛言.

『세존. 파유중생 득문여시

『世尊. 頗有衆生 得聞如是

언설장구 생실신부』

言說章句 生實信不』

불고 수보리.

佛告 須菩提.

『막작시설. 여래 멸후 후오백세

『莫作是說. 如來 滅後 後五百歲

유지계 수복자 어차장구

有持戒 修福者 於此章句

능생신심 이차위실. 당지. 시인

能生信心 以此爲實. 當知. 是人

불어 일불 이불 삼 사 오불

不於 一佛 二佛 三 四 五佛

이종선근 이어무량 천만불소 종제

而種善根 已於無量 千萬佛所 種諸

선근 문시 장구 내지 일념 생 정신자.

善根 聞是 章句 乃至 一念 生 淨信者.

제 육. 참다운 신심은 희유하다

수보리가 부처님께 여쭈었다.
『세존이시여. 그렇다면 조금 의아해
하는 중생들은 어찌하면 이와 같은
말이나 구절을 듣고 참다운 신심을
낼 수 있겠는지요.』
부처님께서 수보리에게 말씀하셨다.
『그런 걱정은 하지 않아도 좋으리라.
여래(연등불)께서 멸도하신 후
이천 오백년이 지나도 계를 받아
지니며 복을 닦는 자가 있어서
그는 이 구절을 듣고 능히
신심을 내어 이것을 진실히 여기노라.
그대는 마땅히 알라.
이 사람은 한 부처 또는 두 부처이거나
셋 넷 다섯 분의 부처님에게만 선근의
씨앗을 심은 것이 아니라 천만 분의
부처님께도 무량하게 모든 선근의
씨앗을 심은 자이니 이 구절을 듣고
단박에 깨끗한 믿음을 내는 것이니라.

수보리. 여래 실지 실견

須菩提. 如來 悉知 悉見

시제 중생 득 여시 무량복덕.

是諸 衆生 得 如是 無量福德.

하이고 시제중생 무부 아상

何以故 是諸衆生 無復 我相

인상 중생상 수자상 무법상

人相 衆生相 壽者相 無法相

역무 비법상. 하이고 시제중생

亦無 非法相. 何以故 是諸衆生

약 심취상 즉위착 아인중생수자

若 心取相 卽爲着 我人衆生壽者

약 취법상 즉착 아인중생수자.

若 取法相 卽着 我人衆生壽者.

하이고 약 취비법상 즉 착 아인

何以故 若 取非法相 卽 着 我人

중생수자 시고 불응취법 불응취 비법.

衆生壽者 是故 不應取法 不應取 非法.

이시의고 여래 상 설 여등

以是義故 如來 常 說 汝等

비구 지아설 법 여벌 유자.

比丘 知我說 法 如筏 喩者.

수보리여. 여래(자성)는
모든 것을 다 알고 모든 것을 다 보는
것이니 모든 중생들도 이처럼 한량
없는 복덕을 얻어야만 될 것이니라.
이러한 중생들은 나라는 모습
너라는 모습 무리들이라는 모습과 생명이라는
모습을 없애야 하며 법이라는
모습과 법이 아니라는 모습도 없애야
하기 때문이니라. 왜냐하면
이 중생들이 만일 모습을 취할 마음을 낸다면
즉 나라는 모습 너라는 모습 무리들이라는 모습과 생
명이라는 모습에 애착을 내는 것이며 또한 법의 모습을
취한다하여도 나라는 모습 너라는 모습 무리들이라는
모습과 생명이라는 모습에 애착을 갖는 것이니라.
만일 법이라는 모습을 취하지 않았더라도 곧 나라는
모습 너라는 모습 무리들이라는 모습과 생명이라는 모
습에 애착이 있기 때문이니라.
그러므로 마땅히 법도 취하지 말 것이며 법이 아닌 것
도 취하지 말아야 할 것이니라.
그렇기 때문에 여래를 항상 말할 때 그대 비구들에게
내가 이르기를 법은 뗏목과 같다고 한 것이니라.

법상응사 하황비법』

法尚應捨 何況非法』

제 칠. 무득 무설 분 | 第七.無得無說 分

『수보리 어의운하.

『須菩提 於意云何.

여래 득 아뇩다라삼먁삼보리야

如來 得 阿耨多羅三藐三菩提耶

여래 유 소설 법야』

如來 有 所說 法耶』

수보리언.

須菩提言.

『여아해 불 소설의 무유 정법

『如我解 佛 所說義 無有定法

명 아뇩다라삼먁삼보리 역 무유

名 阿耨多羅三藐三菩提 亦 無有

정법 여래가설.

定法 如來可說

하이고 여래 소설 법개 불가취

何以故 如來 所說 法皆 不可取

법도 오히려 놓아 버려야 하거늘 하물며 그릇된 법이랴.』

제 칠. 얻을 것도 없고 설할 것도 없다

『수보리여 그대는 어찌 생각하는가.
여래가 아뇩다라삼먁삼보리를 얻은 바가 있는
가. 그리고 여래가 법을 설한 바가 있는가.』
수보리가 말씀드린다.
『여래를 제가 이해하기로는 부처님께서 말씀
하신 바에 의하면 결정된 법이
있거나 없기도 하며 아뇩다라삼먁삼보리
의 이름도 또한 결정된 법이 있기도
하며 없기도 한 것이라고 여래를 말씀
하셨습니다.
왜냐하면
여래에 대하여 하신 말씀은 모든 법은
취할 것도 없고

불가설 비법 비비법.

不可說 非法 非非法.

소이자하 일체 현성 개 이무위법

所以者何 一切 賢聖 皆 以 無爲法

이유차별』

而有差別』

🪷 제 팔. 의법 출생 분 | 第八. 依法 出生 分

『수보리 어의운하.

『須菩提 於意云何.

약 인 만 삼천대천세계 칠보

若人滿三千大千世界七寶

이용 보시 시인 소득 복덕

以用 布施 是人 所得 福德

영위다부』

寧爲多不』

수보리언.

須菩提言.

『심다 세존. 하이고 시복덕

『甚多 世尊. 何以故 是福德

설할 것도 없으며
법이 아니며 법이 아닌 것도 아니라고
하셨습니다.
그 이유는 일체의 현인과 성인은 모두
이처럼 변화하지 않는 무위의 법으로써
구별하기 때문입니다.』

제 팔. 귀의해야 할 법이 출생하다

『수보리여 어찌 생각하는가.
만약 어떤 사람이 삼천 대천 세계에
칠보를 가득 보시하였다고 한다면
이 사람이 얻는 복덕은
어느 정도가 되겠는가.』
수보리가 말씀드린다.
『심히 많겠사옵니다 세존이시여.
왜냐하면
이 복덕은

즉 비 복덕 성. 시고 여래 설

卽 非福德性. 是故 如來說

복덕다.』

福德多.』

『약 부 유인 어차 경 중 수지

『若 復 有人 於此 經 中 受持

내지 사구게 등 위타인 설 기 복승피.

乃至 四句偈等 爲他人 說 其福勝彼.

하이고 수보리 일체 제불

何以故 須菩提 一切 諸佛

급제 불 아뇩다라삼먁삼보리법

及諸佛 阿耨多羅三藐三菩提法

개종 차경 출.

皆從 此經 出.

수보리.

須菩提.

소위 불법자 즉 비 불법』

所謂 佛法者 卽 非佛法』

곧 복덕의 성품이
아니기 때문입니다.
그러므로 여래를 말씀하실 때
복덕이 많다고 하신 것입니다.』
『만약 어떤 사람이 경전을 지니거나
그 가운데의 네 구절만이라도
다른 사람을 위해 깨닫게 한다면
이 복덕은 그 복덕보다
더 뛰어나리라.
왜냐하면 수보리여.
일체의 모든 부처님은
부처의 경지에 이르기까지
아뇩다라삼먁삼보리의 법이
모두 이 경전에서 나왔기 때문이니라.
수보리여
이를테면 이것이 부처의 법이라고
말하는 자가 있다면
그것은 곧 부처의 법이 아니니라.』

제 구. 일상 무상 분 | 第九. 一相無相分

『수보리 어의운하.
『須菩提 於意云何.
수다원 능작 시념
須陀洹 能作 是念
「아 득수다원과」부』
「我 得須陀洹果」不』
수보리언.
須菩提言.
『불야 세존. 하이고 수다원
『不也 世尊. 何以故 須陀洹
명 위입류 이무소입 불입 색성향미촉법
名 爲入流 而無所入 不入 色聲香味觸法
시명 수다원』
是名 須陀洹』
『수보리 어의운하. 사다함 능작시념
『須菩提 於意云何. 斯陀含 能作是念
「아 득 사다함과」부』
「我 得 斯陀含果」不』
수보리언.
須菩提言.

제 구. 하나의 상이 있다고는 하지만 그 상은 없는 것이다

『수보리여
그대는 어찌 생각하는가.
수다원에 이르렀다고 생각할 때
과연 '나는 수다원과를 얻었다'고
할 수 있는 것인가.』
수보리가 말씀드린다.
『할 수 없습니다 세존이시여.
왜냐하면
수다원이라는 명칭에 이르렀다는
것일 뿐 실은 들어간 바가 없으며
이는 색 소리 냄새 맛 감각의 법에
들어간 것이 아니므로
다만 그 명칭을 수다원이라 하였을
뿐이옵니다.』
『수보리여 그대는 어찌 생각하는가.
사다함에 이르렀다고 생각할 때
과연 '나는 사다함을 얻었다'고
할 수 있겠는가.』
수보리가 말씀드린다.

『불야 세존. 하이고 사다함

『不也 世尊. 何以故 斯陀含

명 일왕래 이실 무왕래 시명 사다함』

名 一往來 而實 無往來 是名 斯陀含』

『수보리 어의운하.

『須菩提 於意云何.

아나함 능작 시념

阿那含 能作 是念

「**아 득 아나함과」부』**

「我 得 阿那含果」不』

수보리언.

須菩提言.

『불야 세존. 하이고 아나함

『不也 世尊. 何以故 阿那含

명위 불래 이실 무불래 시고 명아나함』

名爲 不來 而實 無不來 是故 名阿那含』

『수보리 어의운하. 아라한 능작 시념

『須菩提 於意云何. 阿羅漢 能作 是念

아 득 아라한 도부』

我 得 阿羅漢 道不』

수보리언.

須菩提言.

『할 수 없습니다 세존이시여.
왜냐하면
사다함은 한 번 더 세상에 왔다 간다는
명칭일 뿐이나 실은 왔다 간다는
것이 없으므로 다만 그 명칭이
사다함일 뿐입니다.』
『수보리여 어찌 생각하는가.
아나함에 이르렀다고 생각할 때
과연 '나는 아나함과를 얻었노라'
고 할 수 있겠는가.』
수보리가 말씀드린다.
『할 수 없습니다 세존이시여.
왜냐하면 아나함이라는 명칭은 오지
않는다는 뜻이오나 실은 오지 않는다는 것도
없는 것이옵니다. 그러므로
다만 명칭이 아나함일 뿐입니다.』
『수보리여 어찌 생각하는가.
아라한을 이루었다고 생각할 때 과연
'나는 아라한 도를 얻었노라'고
할 수 있겠는가.』
수보리가 말씀드린다.

『불야 세존. 하이고 실무유법

『不也 世尊. 何以故 實無有法

명 아라한.

名 阿羅漢.

세존. 약 아라한 작시념

世尊. 若 阿羅漢 作是念

아 득 아라한도 즉 위착

我 得 阿羅漢道 卽 爲着

아인 중생 수자.

我人 衆生 壽者.

세존.

世尊.

불 설

佛 說

「아 득 무쟁 삼매 인중 최위 제일」

「我 得 無諍 三昧 人中 最爲 第一」

시 제일 이욕 아라한.

是 第一 離欲 阿羅漢.

세존. 아 부작 시념

世尊. 我 不作 是念

「아 시 이욕 아라한」

「我 是 離欲 阿羅漢」

『할 수 없습니다 세존이시여.
왜냐하면 실은 법이라는 것은 있기도
하고 없기도 한 것이므로 다만 그
명칭을 아라한이라 하였을 뿐입니다.
세존이시여.
만약 아라한을 생각할 때
'나는 아라한 도를 얻었다'고 한다면
곧 나와 너 그리고 중생과 생명에
애착이 있는 사람입니다.
세존이시여.
부처님께서 말씀하실 때
'그대는 삼매에 든 사람 중에 누가
먼저라고 송사할 것 없이 제일 으뜸이
오'라고 하셨으니 이는 제일 먼저
욕심을 버려야 아라한이라 할 수
있다는 뜻입니다.
세존이시여.
저는 '내가 욕심을 버려
아라한이 되었구나'라고
생각하지 않았습니다.

세존. 아 약 작 시 념
世尊. 我若作是念
「아 득 아라 한 도」
「我 得 阿羅漢道」
세 존 즉 불 설 「수 보 리 시 요
世尊 卽 不 說 「須菩提 是 樂
아 란 나 행 자 이 수 보 리 실
阿蘭那行者 以 須菩提 實
무 소 행 이 명 수 보 리 시 요
無所行 而 名 須菩提 是 樂
아 란 나 행」』
阿蘭那 行」』

제 십. 장 엄 정 토 분 | 第 十. 莊嚴 淨土 分

불 고.
佛 告.
『수 보 리 어 의 운 하. 여 래 석 재
『須菩提 於意云何. 如來 昔 在
연 등 불 소 어 법 유 소 득 부』
燃燈佛 所 於法 有 所得 不』

세존이시여. 제가 만약
'내가 아라한 도를 얻었구나'라고
생각한다면
세존께서는 '수보리는 아란나 행을
즐기는 자이다'라고 하셨겠으나
'수보리는 실로 아란나 행을 행하는 바
없이 행하며 다만 그 명칭이 아란나
행을 좋아하는 수보리일 뿐이다'라고
이렇게 말씀하시지 않았을 것입니다.』

제 십. 정토를 장엄한다고 하는 것은

부처님께서 말씀하셨다.
『수보리여 그대는 어찌 생각하는가.
여래가 옛적에 연등 부처님께 있을 때
법을 얻은 바가 있는가.』

『불야세존. 여래 재 연등불 소

『不也 世尊. 如來 在 燃燈佛 所

어법 실 무소득』

於法 實 無所得』

『수보리 어의운하.

『須菩提 於意云何.

보살 장엄불토부』

菩薩 壯嚴佛土不』

『불야세존. 하이고

『不也 世尊. 何以故

장엄 불토자 즉 비장엄 시명 장엄』

壯嚴 佛土者 卽 非壯嚴 是名 壯嚴』

『시고 수보리. 제 보살마하살

『是故 須菩提. 諸 菩薩摩訶薩

응여 시생 청정심

應如 是生 淸淨心

불응 주색 생심

不應 住色 生心

불응 주성향미촉법 생심

不應 住聲香味觸法 生心

응 무소주 이생 기심.

應 無所住 而生 其心.

『없습니다 세존이시여.
여래께서 연등 부처님께 계실 때 법에
의한 바 실은 얻은 바가 없습니다.』
『수보리여 어찌 생각하는가. 보살이
불국토를 장엄한다고 하겠는가.』
『아니옵니다 세존이시여. 왜냐하면
불국토를 장엄한다고 하는 사람은
곧 장엄이 아니라 다만 그 명칭이
장엄한다고 할 뿐이옵니다.』
『그런고로 수보리여.
모든 보살마하살은
마땅히 여래에 대해
이와 같이 청정한 마음을 낼 것이나
그 마음을 일으켜 모양에 머물러서는
안 되며 소리 냄새 맛 감촉의 법에
머물러서도 안 되니
마땅히 머무는 바 없이
그 마음을 내야만 되느니라.

수보리.

須菩提.

비여 유인신 여 수미산왕.

譬如 有人身 如 須彌山王.

어의운하 시신 위대부』

於意云何 是身 爲大不』

수보리언.

須菩提言.

『심대 세존. 하이고

『甚大 世尊. 何以故

불설 비신 시명 대신』

佛說 非身 是名 大身』

✿ 제 십일. 무위복승분 | 第十一. 無爲福勝分

『수보리. 여항하 중 소유 사수

『須菩提. 如恒河 中 所有 沙數

여시 사 등 항하 어의운하

如是 沙 等 恒河 於意云何

시제 항하사 영위 다부』

是諸 恒河沙 寧爲 多不』

수보리여.
비유하자면 어떤 사람의 몸이 수미산
만큼 크다고 한다면 그대의 생각은
어떠한가. 이 사람의 몸이
과연 크다고 생각되는가』
수보리가 말씀드린다.
『크옵니다 세존이시여.
왜냐하면 부처님께서 하신 말씀은
육신의 몸이 아니라 다만 그 명칭을
큰 몸이라 하셨을 뿐이옵니다.』

제 십일. 더 없이 수승한 복덕이란

『수보리여. 항하에 있는 모래 수만큼
그렇게 또 많은 항하가 있다면
그대 생각은 어떠한가.
그 모든 항하와 항하의 모래가
얼마나 많겠는가.』

수보리언.

須菩提言.

『심다 세존. 단 제 항하 상다

『甚多 世尊. 但 諸 恒河 尚多

무수 하황 기사』

無數 何況 其沙』

『수보리. 아 금 실언 고여 약유

『須菩提. 我 今 實言 告汝 若有

선남자 선여인 이 칠보 만 이소

善男子 善女人 以 七寶 滿 爾所

항하사 수 삼천 대천 세계

恒河沙 數 三千 大千 世界

이용 보시 득복 다부』

以用 布施 得福 多不』

수보리언.

須菩提言.

『심다 세존』

『甚多 世尊』

불고 수보리.

佛告 須菩提

『약 선남자 선여인 어 차경 중

『若 善男子 善女人 於 此經 中

내지 수지 사구게 등 위 타인 설

乃至 受持 四句偈 等 爲 他人 說

수보리가 대답했다.
『심히 많사옵니다 세존이시여.
저 항하의 수만 하여도 많을텐데
하물며 그 항하에 있는
모래 수까지라니요.』
『수보리여. 내가 지금부터 진실을
그대에게 말하겠노라.
만약 어떤 선남자 선여인이 칠보를 이
항하와 항하의 모래 수만큼이나 가득히
삼천 대천 세계에 보시하였다고 하자.
그러면 그 복덕이 과연 많겠는가.』
수보리가 대답했다.
『심히 많사옵니다 세존이시여.』
부처님께서 수보리에게 말씀하셨다.
『만약 선남자 선여인이
이 경전 가운데에서 네 구절만이라도
받아 지니며 남을 위해 말해준다면

이차복덕 승 전복덕』

而此福德 勝 前福德』

🪷 제 십이. 존중 정교 분 | 第 十二. 尊重 正教 分

『부차 수보리. 수설

『復次 須菩提. 隨說

시경 내지 사구게등 당지 차처

是經 乃至 四句偈等 當知 此處

일체 세간 천인 아수라 개응

一切 世間 天人 阿修羅 皆應

공양 여불 탑묘 하황 유인

供養 如佛 塔廟 何況 有人

진능 수지 독송.

盡能 受持 讀誦.

수보리. 당지 시인

須菩提. 當知 是人

성취 최상 제일 희유지법.

成就 最上 第一 希有之法.

약 시경전 소재지처

若 是經展 所在之處

이 복덕은 앞에서 말한 복덕보다
더 없이 뛰어나느니라.』

제 십이. 올바른 길로 일깨우는 사람을 존중하라

『또한 수보리여 이어서 말하자면
이 경전에서 네 구절만이라도 그 뜻을
깨닫게 한다면 머무르고 있는 곳에는
일체 세간의 하늘과 아수라가 모두
응당히 공양하기를 부처님의 탑과 전각에 하듯 할 것
인데 하물며 앞에서 말한
그 사람이
온 정성을 다하여
경전을 지니며 읽고 외운다면
그 복덕은 더 말할 나위가 있겠는가.
수보리여
깨달음을 얻은 이 사람은
참으로 드물게 가장 높고 으뜸가는
법을 성취한 것이니라.
이 경전이 있는 곳이면

즉 위 유 불 약 존 중 제 자.』
卽 爲 有 佛 若 尊 重 弟 子.』

제 십삼. 여법 수지 분 | 第 十三. 如法 受持 分

이시 수보리 백 불언.
爾時 須菩提 白 佛言.
『세존 당. 하 명차경 아등
『世尊 當. 何 名此經 我等
운하 봉지』
云何 奉持』
불고 수보리.
佛告 須菩提.
『시 경 명 위 금강반야바라밀
『是 經 名 爲 金剛般若波羅蜜
이시명자 여당 봉지.
以是 名字 汝當 奉持.
소이자하 수보리.
所以者何 須菩提.
불설 반야바라밀 즉 비 반야바라밀
佛說 般若波羅蜜 卽 非 般若波羅蜜

곧 부처님 계신 곳과 같고
또한 존중받는 부처님의 제자가
있는 곳과 같느니라.』

제 십삼. 이와 같이 법을 받아 지니게 되다

이때 수보리가 부처님께 여쭈었다.
『세존이시여 마땅하옵니다.
하오면 저를 비롯한 모든 사람들이
이 경전의 명칭을 무어라 하리이까.』
부처님께서 수보리에게 말씀하셨다.
『이 경전의 명칭은
금강반야바라밀이니
이 명칭의 글자를 그대들은 잘 받아
지녀야 될 것이오.
어찌하여 그런가하면 수보리여.
부처를 설하는 반야바라밀은
곧 반야바라밀이 아니라

시명 반야바라밀.

是名 般若波羅蜜.

수보리 어의운하.

須菩提 於意云何.

여래 유 소설 법부』

如來 有 所說 法不』

수보리 백불언.

須菩提 白佛言.

『세존. 여래 무 소설』

『世尊. 如來 無 所說』

『수보리 어의운하. 삼천 대천세계

『須菩提 於意云何. 三千 大千世界

소유미진 시위다부』

所有微塵 是爲多不』

수보리언.

須菩提言.

『심다 세존』

『甚多 世尊』

『수보리. 제 미진

『須菩提 諸 微塵

여래 설 비미진 시명미진

如來 說 非微塵 是名微塵

다만 그 명칭이
반야바라밀일 뿐이라오.
수보리여 그대는 어찌 생각하는가.
여래의 법을 설명한 바가 있었던가.』
수보리가 부처님께 말씀드린다.
『세존이시여. 여래의 법을
설명하신 바가 없으십니다.』
『수보리여 그대는 어찌 생각하는가.
삼천 대천세계에 있는 모든 티끌의
수를 많다고 생각하는가.』
수보리가 말씀드린다.
『심히 많사옵니다 세존이시여.』
『수보리여. 모든 티끌들은
여래를 설명할 때는 티끌이 아니라
다만 그 명칭이 티끌일 뿐이며

여래 설 세계 비세계 시명세계.

如來說世界非世界是名世界.

수보리 어의운하.

須菩提 於意云何.

가이 삼십이상견 여래 부』

可以三十二相 見如來 不』

『불야세존. 불가이 삼십이 상득견 여래.

『不也世尊. 不可以三十二 相得見如來.

하이고 여래 설

何以故 如來說

삼십이상 즉시 비상 시명 삼십 이상』

三十二相 卽是 非相 是名 三十 二相』

『수보리. 약유 선남자 선여인

『須菩提. 若有 善男子 善女人

이항하 사등 신명 보시 약부

以恒河 沙等 身命布施 若復

유인 어차경 중 내지 수지

有人 於此 經中 乃至 受持

사구게등 위타인설 기복 심다』

四句偈等 爲他人 說 其福甚多』

여래를 설명할 때는 이 세계 또한 세계가 아니라
다만 그 명칭이 세계일 뿐이니라.
또한 수보리여.
그대는 어찌 생각하는가.
가히 서른두 가지로
몸의 상호를 갖추었다고 하여
여래로 볼 수 있는 것인가.』
『아니옵니다 세존이시여.
서른두 가지 몸의 상호를 갖추었다고
하여 여래로 볼 수는 없습니다.
왜냐하면 여래를 설명하실 때
서른두 가지 상호는 곧 상호가 아니라
다만 그 명칭이 서른두 가지의
상호일 뿐이라 하셨습니다.』
『수보리여.
만약 어떤 선남자 선여인이
항하와 항하의 모래 수만큼이나
많은 목숨을 보시 하였다 하더라도
또 어떤 사람은 이 경전 가운데서
네 구절만이라도 남을 위해
설명해 주었다면 이 복덕은
앞의 복덕보다 훨씬 많으니라.』

제 십사. 이 상 적 멸 분 | 第十四. 離相寂滅分

이시 수보리 문설 시경 심해의취

爾時 須菩提 聞說 是經 深解義趣

체루비읍 이백 불언.

涕淚悲泣 而白佛言.

『희유 세존. 불설 여시 심심

『希有 世尊. 佛說 如是 甚深

경전 아종 석래 소득 혜안

經典 我從 昔來 所得 慧眼

미증 득문 여시 지경.

未曾 得聞 如是 之經.

세존 약부 유인 득문 시경

世尊 若復 有人 得聞 是經

신심 청정 즉생 실상 당지

信心 清淨 卽生 實相 當知

시인 성취 제일 희유 공덕.

是人 成就 第一 希有 功德.

세존 시실상자 즉 시비상

世尊 是實相者 卽 是非相

시고 여래 설 명 실상.

是故 如來 說 名 實相.

제 십사. 상을 끊는다면 적멸에 들리라

이때 부처님께서 말씀하시는 경전을
듣고 있던 수보리가 그 뜻을 깊이
깨닫고 슬피 울며 눈물을 흘리고는
이렇게 여쭈었다.
『참으로 드문 일이옵니다 세존이시여.
부처님께서 이처럼 깊고 깊은 경전을
알게 하시니 제가 오랜 세상을 윤회한
지혜의 안목으로는 일찍이 이와 같은
경전을 증득하지 못하였습니다.
세존이시여.
만일 어떤 사람이 이 경전을 듣고 마음에 청정한 믿음
을 낸다면 곧 실상에
대한 이해가 생긴 것이므로
깨달음을 얻은
이 사람은 가장 드문 공덕을 성취한 것이온데
세존이시여.
실상의 깨달음을 성취했다는 것은
곧 이것이 상이 아니므로
여래의 실상도 다만 명칭일 뿐이라고
말씀하셨습니다.

세존.

世尊.

아금 득문 여시 경전 신해

我今得聞如是經典信解

수지 부족 위난 약 당래세

受持不足爲難若當來世

후오백세 기유 중생 득문 시경

後五百世其有衆生得聞是經

신해 수지 시인 즉위 제일 희유

信解受持是人卽爲第一希有

하이고 차인 무아상 무인상

何以故此人無我相無人相

무중생상 무수자상.

無衆生相無壽者相.

소이자하 아상 즉시 비상 인상

所以者何我相卽是非相人相

중생상 수자상 즉시 비상.

衆生相壽者相卽是非相.

하이고

何以故

이 일체 제상 즉명 제불.』

離一切諸相卽名諸佛.』

세존이시여.
제가 지금 이와 같이 경전을 듣고 이해
하여 믿고 받아 지니는 것은 어렵지
않사오나 만일 이 다음 이천 오백 년의
뒤에라도 어떤 중생들이
이 경전을 듣고 이해하여 믿고 받아
지니고자 한다면 이 사람은
곧 제일 드문 사람일 것입니다.
왜냐하면 이러한 사람은 나의 모습이
없으며 너의 모습도 없으며 그리고
중생의 모습도 없고 생명의 모습도
없다고 알기 때문입니다.
어찌하여 그런가 하오면
나의 모습은 곧 모습이 아니며
너의 모습과 중생의 모습과
그리고 생명의 모습까지도
곧 참모습이 아님을 알기 때문입니다.
왜냐하면
그런 것들에 대한 일체의
모든 모습에서 벗어나면 곧 그 명칭이
모두 부처이기 때문입니다.』

불고 수보리.

佛告須菩提.

『여시 여시. 약부 유인

『如是 如是. 若復有人

득문 시경 불경 불포 불외

得聞是經不驚不怖不畏

당지시인 심위 희유.

當知是人甚爲希有.

하이고 수보리.

何以故 須菩提.

여래 설 제일 바라밀

如來說第一波羅蜜

즉 비제일 바라밀

卽非第一波羅蜜

시명 제일 바라밀.

是名 第一波羅蜜.

수보리.

須菩提.

인욕바라밀 여래 설 비 인욕바라밀

忍辱波羅蜜如來說非忍辱波羅蜜

시명 인욕바라밀.

是名忍辱波羅蜜.

부처님께서 수보리에게 말씀하셨다.
『그와 같고
그와 같도다.
만약 어떤 사람이
이 경전을 듣고
놀라지 않고
겁내지 않으며
두려워도 않는다면
참으로 드문 사람임을 알아야 하리라.
왜냐하면 수보리여.
여래를 설명할 때
제일바라밀은 곧
제일바라밀이 아니라
다만 그 명칭이
제일바라밀일 뿐이라고 하였노라.
수보리여.
인욕바라밀도
여래를 설명할 때
다만 그 명칭이
인욕바라밀일 뿐이라고 하였나니.

하이고 수보리.

何以故 須菩提.

여 아 석위 가리왕 할절 신체

如我 昔爲 歌利王 割截 身體

아어 이시 무아상 무인상 무중생상

我於 爾時 無我相 無人相 無衆生相

무수자상.

無壽者相.

하이고

何以故

아어 왕석 절절 지해시

我於 往昔 節節 支解時

약 유아상 인상 중생상 수자상

若有 我相 人相 衆生相 壽者相

응생 진한.

應生 嗔恨.

수보리. 우 념 과거

須菩提. 又念 過去

어오백세 작 인욕선인 어이 소세

於五百世 作 忍辱仙人 於爾 所世

무아상 무인상 무중생상 무수자상.

無我相 無人相 無衆生相 無壽者相.

어찌하여 그런가

수보리여

여래가 될 내가 옛적에 가리왕에게

몸을 베이고 찢길 적에

나에게는 그 순간

나의 모습도 없고

너의 모습도 없고 중생의 모습도 없으며

생명의 모습까지도 없다고 알았기 때문이니라.

왜 그러한가.

내가 가리왕에게 몸을 마디마디 찢길 때

만약 내게 나의 모습과 너의 모습

그리고 중생의 모습과

생명의 모습까지도 있다고 알았다면

당연히 성내고 원망을 하였을 것이다.

수보리여

또한 지난날을 돌아보면

오백 년을 인욕선인으로 지내며

세상을 떠나 있었을 때도

나의 모습도 없고

너의 모습도 없고

중생의 모습도 없으며 생명의 모습

또한 없다고 알았느니라.

시고 수보리.

是故 須菩提.

보살 응리 일체상

菩薩 應離 一切相

발 아뇩다라삼먁삼보리심

發 阿耨多羅三藐三菩提心

불응 주색 생심

不應 住色 生心

불응 주 성향미촉법 생심

不應 住 聲香味觸法 生心

응생 무소주심.

應生 無所住心.

약심유주 즉위비주 시고

若心有住 即爲非住 是故

불설 보살심 불응 주색 보시.

佛說 菩薩心 不應 住色 布施.

수보리.

須菩提.

보살 위 이익 일체중생 응여시보시

菩薩 爲 利益 一切衆生 應如是布施

여래 설 일체 제상

如來 說 一切 諸相

그러므로 수보리여
보살이 일체의 모습을 떠난
아뇩다라삼먁삼보리의 마음을
일으키려면
모양에 머물지 않는 마음을 내야하며
소리 냄새 맛 감각의 법에도
머물지 않는 마음을 내야 하리니
나 또한 응당 머무는 바 없이
그 마음을 낸 것이니라.
만약 마음을 머무는 데 둔다면 그것은
곧 머무르는 것도 아니므로
부처님께서 보살의 마음을 설명하실 때
당연히 모양에 머물지 않는
보시에 두라고 하셨느니라.
수보리여
보살은
일체 중생들을 이익되게 하기 위하여
응당 이와 같이 보시해야 하느니라.
여래를 설명할 때
일체의 모든 모습은

즉시 비상 우설 일체 중생

卽是非相又說一切衆生

즉 비중생.

卽非衆生.

수보리.

須菩提.

여래 시진어자 실어자 여어자

如來是眞於者實語者如語者

불광어자 불이어자.

不誑語者不異語者.

수보리.

須菩提.

여래 소득법 차법 무실무허.

如來所得法此法無實無虛.

수보리.

須菩提.

약 보살 심주어법 이행 보시

若菩薩心住於法而行布施

여인 입암 즉 무소견 약 보살심

如人入闇卽無所見若菩薩心

부주법 이행 보시 여인 유목

不住法而行布施如人有目

곧 모습이 아니라
하였고 또 일체 중생을 설명할 때도
곧 중생이 아니라 하였느니라.
수보리여.
여래는 진리의 말을 하며 진실을 말하며
진여의 말을 하며 거짓을 말하지 않으며
의심할 말을 하지 않느니라.
수보리여.
여래가 법을 얻는 바 이 법은 채우는
것도 없으며 헛되는 것도 없느니라.
수보리여
만약 보살이 마음을 법에 머물러 보시를
하면 마치 사람이 어둠 속에서는
아무것도 볼 수 없는 것과 같고
만일 보살이 보시를 할 때
마음이 법에 머무르지 않는다면
사람에게 눈이 있어서

일광 명조 견종 종색.

日光明照 見種種色.

수보리.

須菩提.

당래 지세 약유 선남자 선여인

當來之世 若有善男子善女人

능 어차경 수지 독송 즉위여래

能於此經 受持讀誦 卽爲如來

이불 지혜 실지 시인 실견 시인

以佛智慧 悉知是人 悉見是人

개득 성취 무량무변 공덕』

皆得成就 無量無邊功德』

🪷 제 십오. 지경 공덕 분 │ 第十五. 持經功德分

『수보리.

『須菩提.

약유 선남자 선여인

若有善男子善女人

초일분 이 항하사등 신보시

初日分 以恒河沙等 身布施

마치 햇빛이 밝게 비칠 때
여러 가지 색을
골고루 볼 수 있는 것과 같느니라.
수보리여
다음 세상에서
만약 어떤 선남자 선여인이
부처의 지혜로서 여래가 되고자 하여
이 경전을 지니며 읽고 외운다면
이 사람은 모든 것을 다 알 것이며
이 사람은 모든 것을 다 볼 것이니
두루 헤아릴 수 없는 공덕을 성취할 것이니라.』

제 십오. 경전을 받아 지니는 공덕은

『수보리여
만약 어떤 선남자 선여인이
아침에 항하와 항하의 모래처럼 많은
몸을 보시하고

중일분 부이 항하사등 신보시

中日分 復以 恒河沙等 身布施

후일분 역이 항하사등 신보시

後日分 亦以 恒河沙等 身布施

여시 무량 백천만억겁 이신보시.

如是 無量 百千萬億劫 以身布施.

약부유인 문차 경전

若 復有人 聞此 經展

신심 불역 기복승피.

信心 不逆 其福勝彼.

하황 서사 수지독송

何況 書寫 受持讀誦

위인 해설.

爲人 解說.

수보리.

須菩提.

이 요언지 시경 유불가사의

以 要言之 是經 有不可思議

불가칭량 무변공덕 여래 위발 대승자 설

不可稱量 無邊功德 如來 爲發 大乘者 說

위발 최상승자 설.

爲發 最上乘者 說.

낮에도 다시 항하와
항하의 모래처럼 많은 몸을 보시하고
저녁에도 역시 항하와 항하의 모래처럼
많은 몸을 보시하며 이처럼 한량없이
백천만억 겁을 보시하였다 하더라도
만일 또 다른 사람은 이 경전을 듣고
믿는 그 마음을 거스르지 않는다면
그의 복덕은 저들의 복덕보다 더
수승하리라.
그런데 하물며 경전을 쓰거나 베끼며
읽고 외워 다른 사람들을 위하여
해설해준다면 어떻겠느냐.
수보리여.
요약하여 말하자면 이 경전은
불가사의하며 불가칭량하며 한없는
공덕이 있나니 여래가 되기 위하여
대승을 발심한 자에게 설명하였으며
최상승을 발심한 자에게
설명하였느니라.

약유인 능 수지 독송

若有人能受持讀誦

광위인 설 여래 실지시인

廣爲人說如來悉知是人

실견 시인 개득 성취 불가량

悉見是人皆得成就不可量

불가칭 무유변 불가사의 공덕.

不可稱無有邊不可思議功德.

여시인등 즉 위하담

如是人等卽爲荷擔

여래 아뇩다라삼먁삼보리

如來阿耨多羅三藐三菩提

하이고 수보리.

何以故 須菩提.

약요 소법자 착 아견 인견

若樂小法者着我見人見

중생견 수자견 즉 어차경

衆生見壽者見卽於此經

불능 청수 독송 위인 해설.

不能聽受 讀誦 爲人解說.

수보리.

須菩提.

만약 어떤 사람이 뛰어나게 이 경전을
지니어 읽고 외우며 많은 사람들에게
설명해준다면 이 사람은 여래를 알고
이 사람은 여래를 볼 것이며
헤아릴 수 없고 설명할 수도 없이
끝없는 불가사의한 공덕을
성취한 것이니라.
이러한 사람들은 곧
여래의 아뇩다라삼먁삼보리를 어깨에
맨 것이 되나니 그 이유를 말하자면
수보리여.
만일 소승의 법을 즐기는 자라면
나라는 견해 남이라는 견해 중생이라는 견해 생명이
라는 견해의 애착으로 인해
곧 이 경전을
능히 알아들어 지니며
읽고 외워 남을 위해 해설해 주지는
못하기 때문이니라.
수보리여.

재재처처 약유차경 일체

在在處處 若有此經 一切

세간 천인 아수라 소응공양

世間 天人 阿修羅 所應供養

당지 차처 즉위시탑 개응 공경

當知 此處 卽 爲是塔 皆應 恭敬

작례 위요 이제 화향

作禮 圍遶 以諸 華香

이산 기처』

而散 其處.』

제 십육. 능정 업장 분 | 第十六. 能淨業障分

『부차 수보리.

『復此 須菩提.

선남자 선여인 수지 독송 차경

善男子 善女人 受持 讀誦 此經

약 위인 경천 시인 선세 죄업

若 爲人 輕賤 是人 先世 罪業

응 타악도 이 금세인 경천고

應 墮惡道 以 今世人 輕賤故

어떤 곳이든 이 경전이 있는 곳이면
일체 세간의 천인 아수라가
당연히 공양하는 바가 될지니
마땅히 이러한 곳은 곧 탑을 모신 곳과
같아 모두가 공경하여 절을 하며
주위를 에워싸고 돌면서
온갖 꽃과 향을 흩뿌리리라.』

제 십육. 능히 업장이 깨끗해지리라

『또한 수보리여
선남자 선여인이 이 경전을 지니며
읽고 외우는데 이들이 만일
어떤 사람들에게 업신여김을 받는다면
이들은 전생의 죄업으로
응당 악도에 떨어져야 할지라도
금생에 남에게 업신여김을 받음으로써

선세 죄업 즉위소멸

先世 罪業 卽 爲消滅

당득 아뇩다라삼먁삼보리.

當得 阿耨多羅三藐三菩提.

수보리.

須菩提.

아 념 과거 무량 아승지겁

我 念 過去 無量 阿僧祇劫

어 연등불전 득치 팔백사천만억

於 燃燈佛前 得値 八百四千萬億

나유타 제불 실개 공양 승사

那由他 諸佛 悉皆 供養 承事

무공과자

無空過者

약 부유인 어후 말세 능 수지

若 復有人 於後 末世 能 受持

독송 차경 소득 공덕

讀誦 此經 所得 功德

어아 소공양 제불 공덕 백분불급일

於我 所供養 諸佛 功德 百分不及一

천만억분 내지 산수비유

千萬億分 乃之 算數譬喩

전생의 죄업이 곧 소멸되며
또한 마땅히 아뇩다라삼먁삼보리도
얻게 되느니라.
수보리여.
내가 한량없는 아승지겁의
지난날을 돌아보니
연등 부처님 전에서
팔백사천만억나유타의
모든 부처님을 다 받들어 공양하였으니
그것은 결코 헛됨이 없었지만
만일 어떤 사람이 있어 후대의 말세에
이 경전을 읽고 외운다면
그가 얻는 공덕은
내가 저 모든 부처님을 공양했던
공덕으로는 백분의 일이나
천만억분 내지
그 어떠한 수의 비유로도

소불능급.

所不能及.

수보리.

須菩提.

약 선남자 선여인 어후 말세

若 善男子 善女人 於後 末世

유수지 독송 차경 소득 공덕

有受持 讀誦 此經 所得 功德

아약 구설자 혹 유인문

我若 具說者 或 有人聞

심 즉 광란 호의 불신.

心 卽 狂亂 狐疑 不信.

수보리.

須菩提.

당지 시경의 불가사의

當知 是經義 不可思議

과보 역 불가사의.』

果報 亦 不可思議.』

능히 미치지 못하느니라.
수보리여.
선남자 선여인이 후대의 말세에
이 경전을 지니며 읽고 외워서
얻는 공덕을 내가 다 갖추어 말한다면
혹은 어떤 사람은 듣고 마음이 광란하여
의심하고 믿지 않을 것이나
수보리여.
이 경전은 의미도 불가사의하거니와
과보도 역시 불가사의 하느니라.』

이시 수보리 백불언.

爾時 須菩提 白佛言.

『세존. 선남자 선여인

『世尊. 善男子 善女人

발 아뇩다라삼먁삼보리심

發 阿耨多羅三藐三菩提心

운하 응주 운하 항복 기심』

云何 應住 云何 降伏 其心』

불고.

佛告.

『수보리. 약 선남자 선여인

『須菩提. 若 善男子 善女人

발 아뇩다라삼먁삼보리심자

發 阿耨多羅三藐三菩提心者

당생 여 시심.

當生 如 是心.

「아응 멸도 일체중생.

「我應 滅度 一切眾生.

멸도 일체중생 이

滅度 一切眾生 已

제 십칠. 필경에는 나라는 존재는 없다

이때 수보리가 부처님께 여쭈었다.
『세존이시여
선남자 선여인이
아뇩다라삼먁삼보리를 일으키려면
그 마음을 어떻게 머무르게 해야 하며
또한 그 마음을 어떻게 항복받아야
되겠나이까.』
부처님께서 말씀하셨다.
『수보리여
만일 어떤 선남자 선여인이
아뇩다라삼먁삼보리의 마음을
일으키고자 한다면
응당 이와 같은 마음을 내야 되리라.
'나는 마땅히 일체 중생을
적멸에 들 수 있도록 제도하리라.
그러나 일체 중생을 적멸에 들도록
이미 제도하였으나

이무유일중생 실멸도자.」
而無有一衆生 實滅度者.」

하이고 수보리.
何以故 須菩提.

약 보살 유아상 인상 중생상
若 菩薩 有我相 人相 衆生相

수자상 즉비보살.
壽者相 卽 非菩薩.

소이자하 수보리.
所以者何 須菩提.

실 무유법
實 無有法

「발 아뇩다라삼먁삼보리심자」
「發 阿耨多羅三藐三菩提心者」

수보리 어의운하.
須菩提 於意云何.

여래 어연등불소 유법
如來 於燃燈佛所 有法

득아뇩다라삼먁삼보리부」
得阿耨多羅三藐三菩提不」

『불야 세존.
『不也 世尊.

실은 제도한 자는
한 중생도 없다'
왜냐하면 수보리여.
만약 보살이
나의 모습 너의 모습 중생의 모습
생명의 모습이 있다고 한다면
곧 보살이 아니기 때문이니라.
어찌하여 그런가 하면.
수보리여
실은 법이 없건만 그는
'아뇩다라삼먁삼보리의 마음을
일으키는 것을 즐기는 자'
이기 때문이다.
수보리여 왜 그럴까
여래(석가)가 연등부처님께 있을 때
법이 있다고 생각했다면
아뇩다라삼먁삼보리를 얻었겠는가.』
『얻지 못하셨을 것입니다 세존이시여.

여아 해불 소설 의
如我 解佛 所說 義
불 어연등불소
佛 於燃燈佛所
「무유법득 아뇩다라삼먁삼보리」』
「無有法得 阿耨多羅三藐三菩提」』
불 언.
佛 言.
『여시 여시. 수보리.
『如是 如是. 須菩提.
실 무유법 여래 득
實 無有法 如來 得
아뇩다라삼먁삼보리
阿耨多羅三藐三菩提
수보리. 약 유법
須菩提. 若 有法
「여래 득 아뇩다라삼먁삼보리자」
「如來 得阿耨多羅三藐三菩提者」
연등불 즉 불여 아 수기
燃燈佛 卽 不與 我 授記
「여어 내세 당득 작불호 석가모니」
「汝於 來世 當得 作佛號 釋迦牟尼」

저는 부처님께서 연등부처님께 계실 때
'법이 없으므로
아뇩다라삼먁삼보리를 얻었노라'고
말씀하신 것으로 이해합니다.』
부처님께서 말씀하셨다.
『그렇노라 수보리여.
실로 법이 없는 경계에서
아뇩다라삼먁삼보리를 얻었나니
수보리여 만일 법이 있다고 생각했다면
'여래는 아뇩다라삼먁삼보리를
얻는 것을 즐기는 자'가 되므로
연등부처님께서 곧 내게
이렇게 수기를 주시지는
않았을 것이다.
'그대는 다가올 세상에서
응당 부처를 이루리니
그 명호는 석가모니라 하리라'

이 실무유법
以實無有法
득 아뇩다라삼먁삼보리
得阿耨多羅三藐三菩提
시고
是故
연등불 여 아 수기작 시언
燃燈佛與我授記作是言
「여어 내세당 득 작불 호 석가모니」
「汝於來世當得作佛號釋迦牟尼」
하이고. 여래자 즉 제법여의.
何以故. 如來者卽諸法如義.
약 유인 언
若有人言
「여래 득 아뇩다라삼먁삼보리」
「如來得阿耨多羅三藐三菩提」
수보리. 실 무유법 불 득
須菩提. 實無有法佛得
아뇩다라삼먁삼보리.
阿耨多羅三藐三菩提.
수보리.
須菩提.

이로써
실로 법이 없는 경계에서
아뇩다라삼먁삼보리를 얻었으므로
연등부처님께서 내게 수기를 주시면서
말씀하시기를
'그대는 다가올 세상에서
마땅히 부처를 이루리니
석가모니라 불리리라'
라고 하셨느니라.
왜냐하면
여래가 될 자에게는 곧 모든 법이
이와 같이 순응될 것이기 때문이니라.
만일 어떤 사람이
'여래는 아뇩다라삼먁삼보리를
얻는다'라고 한다면 이것은
수보리여. 실은 법이 없는 가운데
부처는 아뇩다라삼먁삼보리를
얻는 것이니라.
수보리여.

여래 득 아뇩다라삼먁삼보리

如來 得 阿耨多羅三藐三菩提

어시중 무실무허.

於是中 無實無虛.

시고 여래 설

是故 女來 說

일체법 개시 불법.

一切法 皆是 佛法.

수보리. 소언「일체법자」

須菩提. 所言「一切法者」

즉 비일체법 시고 명 일체법.

卽 非一切法 是故 名 一切法.

수보리. 비여 인신장대』

須菩提. 譬如 人身長大』

수보리 언.

須菩提 言.

『세존. 여래 설 인신장대

『世尊. 如來 說 人身長大

즉 위비대신 시명대신』

卽 爲非大身 是名大身』

『수보리. 보살 역 여시.

『須菩提. 菩薩 亦 如是.

여래가 아뇩다라삼먁삼보리를
얻는다는 것은
이 마음에는 채우는 것도 비우는 것도
없는 것이므로 여래를 설명할 때
일체의 법이 모두 이와 같은
부처의 법이라고 하는 것이다.
수보리여. 말하자면
'일체의 법을 얻은 자'라고
하는 것은 곧 일체의 법이 아니라
다만 그 명칭이 일체의 법일 뿐이니라.
수보리여. 비유하자면
'사람의 몸이 아주 크다'라고
하는 것과 같느니라.』
수보리가 말씀드린다.
『세존이시여. 여래께서 말씀하신
것은 육신의 몸이 큰 것이 아니라
다만 명칭을
그 몸이 크다고 하신 것입니다.』
『수보리여.
보살도 역시 이와 같느니라.

약작시언 「아당 멸도 무량중생」
若作是言 「我當 滅度 無量衆生」
즉 불명 보살.
卽 不名 菩薩.
하이고 수보리
何以故 須菩提
실 무유법 명 위보살.
實 無有法 名 爲菩薩.
시고 불 설 일체법
是故 佛 說 一切法
「무아 무인 무중생 무수자」
「無我 無人 無衆生 無壽者」
수보리. 약 보살 작시언
壽菩提. 若 菩薩 作是言
「아 당 장엄 불토」 시 불명보살.
「我 當 壯嚴 佛土」 是 不名菩薩.
하이고 여래 설
何以故 如來 說
「장엄 불토자」
「壯嚴 佛土者」
즉 비 장엄 시 명 장엄.
卽 非 壯嚴 是 名 壯嚴.

만일 '내가 한량없는 중생을
제도했다'라고 말한다면 그는 곧
보살이라 명칭할 수 없느니라.
왜냐하면 수보리여.
실은 법이 없다고 하는 것은
보살을 위하여 명칭하였던 것이다.
그러므로 부처는 일체의 법을
'나는 없다 너도 없다 중생도 없다
따라서 생명도 없다'
라고 말하는 것이다.
수보리여
어떤 보살이 말하기를
'나는 응당 불국토를 장엄한다'고
한다면 이도 보살이라 명칭할 수
없느니라.
왜냐하면 여래를 설명할 때
'불국토를 장엄한 자'라고
하는 것은 곧 장엄이 아니라
그 명칭이 장엄일 뿐이라 하였느니라.

수보리.

須菩提.

약 보살 통달 무아법자

若 菩薩 通達 無我法者

여래 설 명 진 시 보살』

如來 說 名 眞 是 菩薩』

🪷 제 십팔. 일체 동관 분 | 第 十八. 一體 同觀 分

『수보리 어의운하.

『須菩提 於意云何.

여래 유 육안부』

如來 有 肉眼不』

『여시 세존. 여래 유 육안』

『如是 世尊. 如來 有 肉眼』

『수보리 어의운하.

『須菩提 於意云何.

여래 유 천안부』

如來 有 天眼不』

『여시 세존. 여래 유 천안』

『如是 世尊. 如來 有 天眼』

수보리여.
만일 보살이 내가 없다는
무아의 법에 통달하였다면
이 보살은 참으로
여래의 명칭을 말할 수 있는 자이니라.』

제 십팔. 한 부처의 몸은 방편적 체성이니 서로 같은 모양으로 관하라

『수보리여 그대는 어찌 생각하는가.
여래에게 육안이 있는가』
『그러하옵니다 세존이시여.
여래께서는 육안이 있으시옵니다』

『수보리여 또 어찌 생각하는가.
여래에게 천안이 있는가』
『그러하옵니다 세존이시여.
여래께서는 천안이 있으시옵니다』

『수보리 어의운하.

『須菩提 於意云何.

여래 유혜안부』

如來 有 慧眼不』

『여시 세존. 여래 유혜안』

『如是 世尊. 如來 有 慧眼』

『수보리 어의운하.

『須菩提 於意云何.

여래 유법안부』

如來 有 法眼不』

『여시 세존. 여래 유법안』

『如是 世尊. 如來 有 法眼』

『수보리 어의운하.

『須菩提 於意云何.

여래 유불안부』

如來 有 佛眼不』

『여시 세존. 여래 유불안』

『如是 世尊. 如來 有 佛眼』

『수보리 어의운하.

『須菩提 於意云何.

여 항하 중 소유사

如 恒河 中 所有沙

『수보리여 어찌 생각하는가.
여래에게 혜안이 있는가』
『그러하옵니다 세존이시여.
여래께는 혜안이 있으시옵니다』

『수보리여 어찌 생각하는가.
여래에게 법안이 있는가』
『그러하옵니다 세존이시여.
여래께는 법안이 있으시옵니다』
『수보리여 또 어찌 생각하는가.
여래에게 불안이 있는가』
『그러하옵니다 세존이시여.
여래께는 불안이 있으시옵니다.』

『수보리여 어찌 생각하는가.
저 항하에는 모래가 있는데

불 설 시 사 부」

佛 說 是 沙 不」

『여시 세존. 여래 설 시사』

『如是 世尊. 如來 說 是沙』

『수보리 어의운하.

『須菩提 於意云何.

여일 항하 중 소유사

如一 恒河 中 所有沙

유여 시사등 항하

有如 是沙等 恒河

시제 항하 소유사 수

是諸 恒河 所有沙 數

불세계 여시 영위 다부」

佛世界 如是 寧爲 多不」

『심다 세존』

『甚多 世尊』

불고 수보리.

佛告 須菩提.

『이. 소국토 중 소유 중생

『爾. 所國土 中 所有 衆生

약 간종심 여래 실지.

若 干種心 如來 悉知.

내가
그 모래에 대해서 말한 적이 있는가』
『그러하옵니다 세존이시여.
여래께서는 그 모래에 대해서
말씀하신 적이 있습니다.』
『수보리여 그대는 어찌 생각하는가.
항하 하나에도 많은 모래가 있는데
여러 항하에는 더 수많은 모래가 있듯이
부처의 세계도 이와 같이 많겠는가.』
『많습니다 세존이시여.』
부처님께서 말씀하셨다.
『그대여.
이 국토에 있는 중생들의 마음을
여래는 모두 알고 있느니라.

하이고 여래 설 제심

何以故 如來 說 諸心

개위 비심 시명 위심.

皆爲 非心 是名 爲心.

소이자하 수보리.

所以者何 須菩提.

과거심 불가득 현재심

過去心 不可得 現在心

불가득 미래심 불가득』

不可得 未來心 不可得』

제 십구. 법계 통화 분 | 第十九. 法界通化分

『수보리 어의운하.

『須菩提 於意云何.

약 유인

若有人

만삼천대천세계 칠보 이용보시

滿三千大千世界七寶 以用布施

시인 이시 인연 득복 다부』

是人 以是 因緣 得福 多不』

왜냐하면 여래를 설명할 때
모든 마음은 마음이 아니라
다만 그 명칭이 마음이라 하였느니라.
어찌하여 그런가 하면
수보리여.
과거의 마음은 얻을 것이 없고
현재의 마음도 얻을 것이 없나니
미래의 마음도 얻을 것이 없기
때문이니라.』

제 십구. 법의 경계에 통하도록 변화하라

『수보리여 어찌 생각하는가.
만일 어떤 사람이
삼천대천세계가 가득 차도록
칠보를 보시하였다면
이 사람이
이러한 보시 인연으로 얻는 복덕이
과연 많겠는가.』

『여시 세존.
『如是 世尊.

차인 이시 인연득복 심다』
此人 以是 因緣得福 甚多』

『수보리.
『須菩提.

약 복덕 유실 여래 불설
若 福德 有實 如來 不說

득복덕다. 이 복덕 무고
得福德多. 以 福德 無故

여래 설 득복덕 다』
如來 說 得福德 多』

🪷 제 이십. 이색 이상 분 | 第 二十. 離色 離相 分

『수보리 어의운하.
『須菩提 於意云何.

불 가이 구족색신 견부』
佛 可以 具足色身 見不』

『불야 세존.
『不也 世尊.

『그러하옵니다 세존이시여.
이 사람은 그러한 보시 인연으로 얻는
복덕이 심히 많을 것이옵니다.』
『수보리여.
만일
그 사람이 복덕을 채웠다면
복덕을 많이 얻었으니
여래라고 말할 수 없을 것이니라.
복덕이란 본래 없는 것이므로
여래를 설명할 때는 다만
복덕을 많이 얻었다고 할 뿐이니라.』

제 이십. 색도 끊고 상도 끊으라

『수보리여 어찌 생각하는가.
부처가 색신을 갖춘다고 보는가.』
『아닙니다 세존이시여.

여래 불응이 구족색신 견.

如來 不應 以 具足色身 見.

하이고. 여래 설 구족색신

何以故. 如來 說 具足色身

즉비 구족색신

卽非 具足色身

시명 구족색신』

是名 具足色身』

『수보리 어의운하.

『須菩提 於意云何.

여래 가이 구족제상견부』

如來 可以 具足諸相 見不』

『불야 세존.

『不也 世尊.

여래 불응이 구족제상견.

如來 不應 吏 具足諸相 見.

하이고.

何以故.

여래 설「제상구족

如來 說「諸相具足

즉비 구족

卽非 具足

여래는 색신을 갖추지 않습니다.
왜냐하오면
여래를 설명하셨을 때
색신을 갖췄다면 곧 색신을 갖춘 것이
아니라 다만 그 명칭이 색신을 갖추었을
뿐이라고 하셨습니다.』
『수보리여 또 어찌 생각하는가.
여래가 모습을 모두 갖춘다고 보는가.』
『아니옵니다 세존이시여.
여래는 모습을 모두 갖추지
않는다고 봅니다.
왜냐하오면
여래를 설명하실 때
'모습을 모두 갖춘다는 것은
곧 갖추는 것이 아니라

시명 제상구족』

是名 諸相具足』

🪷 제 이십일. 비설 소설 분 | 第 二十一. 非說 所說 分

『수보리.

『須菩提.

여 물위 여래 작시념

汝 勿謂 如來 作是念

「아 당 유소설법」막작 시념.

「我 當 有所說法」莫作 是念.

하이고

何以故

약인 언「여래 유소 설법」

若人 言「如來 有所 說法」

즉위 방불

卽爲 謗佛

불능 해 아 소설고.

不能 解 我 所說故.

수보리. 설법자

須菩提. 說法者

다만 그 명칭이 모습을 모두 갖춘다'고
할 뿐이라 하셨습니다.』

제 이십일. 설하였다고는 하지만 설한 바가 없노라

『수보리여
 그대가 여래라고 생각할 때
'내가 법을 말했다'라고 하지 말라.
왜냐하면 어떤 사람이
'여래가 법을 말했다'라고 한다면
곧 이것은 부처를 비방하는 것이며
내가 했던 말을
이해하지 못하는 것이니라.
수보리여.
법을 설한다는 것은

무법 가설 시 명 설법』

無法可說是名說法』

이시 혜명 수보리 백 불언.

爾時慧命須菩提白佛言.

『세존.

『世尊.

파유 중생 어 미래세

頗有衆生於未來世

문설 시법 생신 심부』

聞說是法生信心不』

불언.

佛言.

『수보리.

『須菩提.

피 비 중생 비 불 중생.

彼非衆生非不衆生.

하이고 수보리.

何以故須菩提.

중생 중생자 여래 설

衆生衆生者如來說

비 중생 시 명 중생』

非衆生是名衆生』

설하는 법이 없고 다만
그 명칭이 법을 설한다고 하느니라.』
이때 혜명 수보리가 부처님께 여쭙기를
『세존이시여.
미래세상에서 자못 어떠한 중생들이
이렇게 법을 말씀하신 것을 듣고
신심을 낼 수 있겠는지요.』
부처님께서 말씀하셨다.
『수보리여.
저들은 중생이 아니며
중생이 아닌 것도 아니니라.
어찌하여 그런가하면
수보리여.
중생중생자라고 하는 것은
여래를 설명할 때는
중생이 아님을 말하는 것이니
다만 그 명칭이 중생일 뿐이니라.』

제 이십이. 무법 가득 분 | 第二十二. 無法可得分

수보리 백 불언.

須菩提 白佛言.

『세존.

『世尊.

불 득 아뇩다라삼먁삼보리

佛得阿耨多羅三藐三菩提

위 무소득야』

爲無所得也.』

불언.

佛言.

『여시 여시 수보리.

『如是 如是 須菩提.

아 어 아뇩다라삼먁삼보리

我 於 阿耨多羅三藐三菩提

내지 무유소법 가득

內之 無有少法 可得

시명 아뇩다라삼먁삼보리』

是名 阿耨多羅三藐三菩提.』

제 이십이. 법은 얻을 것이 없다

수보리가 부처님께 여쭈었다.
『세존이시여.
부처님께서
아뇩다라삼먁삼보리를
얻었다는 것은 얻은 것이
없다는 것이옵니까.』
부처님께서 말씀하셨다.
『그러하니라 수보리여.
내가 아뇩다라삼먁삼보리나
법이 없다는 무유법을
조금이라도 얻었다는 것도
다만 그 명칭을
아뇩다라삼먁삼보리라 하였을 뿐이니라.』

제 이십삼. 정심행선분 | 第二十三. 淨心行善分

『부차 수보리.

『復此 須菩提.

시법 평등 무유고하

是法 平等 無有高下

시명 아뇩다라삼먁삼보리

是名 阿耨多羅三藐三菩提

이 무아 무인 무중생 무수자

以 無我 無人 無衆生 無壽者

수 일체 선법

修 一切 善法

즉 득 아뇩다라삼먁삼보리.

卽 得 阿耨多羅三藐三菩提.

수보리.

須菩提.

소언 선법자 여래 설

所言 善法者 如來 說

즉 비선법 시명 선법』

卽 非善法 是名 善法』

제 이십삼. 선행을 하면 마음이 맑아지리라

『또한 수보리여.
이 법은 평등하여 높고 낮음이
없으므로
다만 이 명칭을
아뇩다라삼먁삼보리라고 하였으니
이로써
나는 없다 너도 없다 중생도 없다
고로 생명도 없다는 것을 일체로 보아
착한 법을 닦으면 곧
아뇩다라삼먁삼보리를 얻을 것이니라.
수보리여.
이렇게 착한 법을 닦는다는 것으로
여래를 설명할 때는
착한 법이 아니라
다만 그 명칭이 착한 법일 뿐이니라.』

『수보리.

『須菩提.

약 삼천대천 세계 중 소유제

若 三千大千 世界 中 所有諸

수미산왕 여시등 칠보취

須彌山王 如是等 七寶聚

유인 지용 보시

有人 持用 布施

약인 이차 반야바라밀경 내지 사구게등

若人 以此 般若波羅蜜經 內之 四句偈等

수지 독송 위타인 설

受持 讀誦 爲他人 說

어전 복덕 백분불급일

於前 福德 百分不及一

백천만억분 내지

百千萬億分 內之

산수 비유 소불능급』

算數 譬喩 所不能及』

제 이십사. 복덕으로 지혜를 비유할 수 없다

『수보리여.
만일 삼천대천세계에 있는
모든 산 가운데 제일인
수미산만큼 큰 칠보를 모아서
어떤 사람이 보시를 하였고
또 어떤 사람은
이 반야바라밀이나 그 가운데의
네 구절만이라도 지니어
읽고 외우며
다른 사람을 위하여 말해준다면
앞에서 말한 칠보의 복덕으로는
백분의 일에도 미치지 못하고
백천만억분의 일에도 미치지 못하며
그 어떠한 산수의 비유로도
미칠 수 없느니라.』

제 이십 오. 화 무 소 화 분 | 第二十五. 化無所化分

『수보리 어의운하.

『須菩提 於意云何.

여등 물위 여래 작시념

汝等 勿謂 如來 作是念

「아당도중생」

「我當度衆生」

수보리 막작 시념.

須菩提 莫作是念.

하이고.

何以故.

실 무유 중생 여래 도자.

實無有衆生 如來度者.

약 유중생 여래 도자

若有衆生 如來度者

여래 즉 유아 유인 유중생

如來卽有我 有人 有衆生

유수자.

有壽者.

수보리.

須菩提.

제 이십오. 제도하는 바 없이 제도하라

『수보리여 어찌 생각하는가.
그대들이 여래라고 생각할 때
'나는 마땅히 중생을 제도하였다'
라고 할 것인가.
수보리여 그런 생각은 하지 말지어다.
왜냐하면
실은 여래가 제도한 중생이 없기
때문이니라.
만약 여래가 제도한 중생이 있다면
여래는
내가 있다 네가 있다 중생이 있다
그리고 생명이 있다는 생각을
하고 있는 자이다.
그러므로 수보리여.

여래 설 유아자 즉 비유아
如來說有我者卽非有我
이 범부 지인 이위 유아.
而凡夫之人以爲有我.
수보리.
須菩提.
범부자 여래 설
凡夫者 如來說
즉 비 범부 시명 범부』
卽非凡夫 是名 凡夫』

🪷 제 이십육. 법신 비상 분 | 第二十六. 法身 非相 分

『수보리 어의운하.
『須菩提 於意云何.
가이 삼십이상 관 여래부』
可以三十二相 觀 如來不』
수보리언.
須菩提言.
『여시 여시.
『如是 如是.

여래를 설명할 때
내가 있다는 것은
곧 내가 있다는 것이 아니라
이것은 범부를 말할 때
내가 있다고 하는 까닭이니라.
수보리여.
범부라고 하는 것도
여래를 설명할 때는
곧 범부가 아니라
다만 그 명칭이 범부일 뿐이니라.』

제 이십육. 법신과 육신의 모습은 다르다

『수보리여 그대는 어찌 생각하는가.
가히 서른두 가지의 상호를 지닌 것으로
여래라고 볼 수 있겠는가.』
수보리가 말씀드린다.
『그렇습니다.

이 삼십이상관여래.』

以三十二相觀如來.』

불언.

佛言.

『수보리.

『須菩提.

약이 삼십이상관여래자

若以三十二相觀如來者

전륜성왕즉시여래.』

轉輪聖王卽是如來.』

수보리 백 불언.

須菩提 白佛言.

『세존.

『世尊.

여아해불소설의

如我解佛所說義

불응이 삼십이상관여래.』

不應以三十二相觀如來.』

이시 세존이 설게언.

爾時世尊而說偈言.

『약이색견아

『若以色見我

서른두 가지의 상호를 지님으로써
여래라고 볼 수 있겠습니다.』
부처님께서 말씀하셨다.
『수보리여.
서른두 가지의 상호를 지녔다고 하여
여래로 본다면 전륜성왕도
곧 여래라고 하겠는가.』
수보리가 부처님께 말씀드린다.
『세존이시여.
그와 같이 말씀하시는 부처님의 뜻을
제가 이해 하옵나니
서른두 가지의 상호로써는
여래라고 볼 수 없습니다.』
이때 세존께서 게송으로 말씀하시었다.

『만일 모양으로 부처를 보려 하거나

이음성 구아
以音聲 求我
시인 행사 도
是人 行邪道
불능견 여래』
不能見如來』

🪷 제 이십칠. 무단 무멸 분 | 第 二十七. 無斷 無滅 分

『수보리 여 약 작시념.
『須菩提 汝若 作是念.
「여래 불 이구족 상고
「如來 不以具足 相故
득 아뇩다라삼먁삼보리.」
得 阿耨多羅三藐三菩提.」
수보리 막 작시념.
須菩提 莫 作是念.
여래 불 이구족 상고
如來 不以具足 相故
득 아뇩다라삼먁삼보리.
得 阿耨多羅三藐三菩提.

음성으로 부처를 찾으려 한다면

이 사람은 사도를 행하는 자이니

결코 여래를 볼 수 없으리라』

제 이십칠. 끊은 것도 없고 멸한 것도 없노라

『수보리여 그대들이 생각하기를
'여래(석가)께서
상호를 구족하지 않았다면
아뇩다라삼먁삼보리를 얻었을까'
라고 하겠지만
수보리여 그런 생각은 말지어다.
여래(석가)는
상호를 구족하지 않았어도
아뇩다라삼먁삼보리를 얻었느니라.

수보리여 약 작시념
須菩提 汝若 作是念
「발 아뇩다라삼먁삼보리심자
「發 阿耨多羅三藐三菩提心者
설 제법 단멸」막작시념.
說 諸法 斷滅」莫作是念.
하이고.
何以故.
발 아뇩다라삼먁삼보리심자
發 阿耨多羅三藐三菩提心者
어법 불설 단멸상』
於法 不說 斷滅相』

🪷 제 이십팔. 불수 불탐 분 | 第二十八. 不受 不貪 分

『수보리.
『須菩提.
약 보살 이만 항하사등
若 菩薩 以滿 恒河沙等
세계 칠보 지용 보시
世界 七寶 持用 布施

수보리여.
그대들이 만약 생각하기를
'아뇩다라삼먁삼보리의 마음을
일으킨 자는
모든 법을 끊어서 멸했다'라는
그런 생각도 말하지 말지어다.
왜냐하면
아뇩다라삼먁삼보리의 마음을
일으킨 자를
모든 것을 끊어서 멸한 상태라고
법으로써 말할 수 없기 때문이니라.』

제 이십팔. 받을 것도 없고 탐착할 것도 없노라

『수보리여.
만일 어떤 보살이
항하의 모래처럼 많은 세계에 가득히
칠보를 보시하고

약부유인 지일체법
若 復 有人 知一切法
무아득성 어인
無我得成 於忍
차보살 승전보살 소득 공덕.
此菩薩 勝前菩薩 所得 功德.
하이고 수보리.
何以故 須菩提.
이제 보살 불수 복덕고』
以諸 菩薩 不受 福德故』
수보리 백 불언.
須菩提 白 佛言.
『세존. 운하 보살 불수 복덕』
『世尊. 云何 菩薩 不受 福德』
『수보리.
『須菩提.
보살 소작 복덕 불응 탐착.
菩薩 所作 福德 不應 貪着.
시고 설 불수 복덕』
是故 說 不受 福德』

또 어떤 사람은 일체법을 알고
인욕으로써 내가 없다는
무아의 깨달음을 이루었다면
이 보살은
앞에서 말한 칠보를 보시한 보살보다
얻는 공덕이 뛰어나리라.
왜냐하면 수보리여.
모든 보살은
복덕을 받지 않았기 때문이니라.』
수보리가 부처님께 여쭈었다.
『세존이시여. 어찌하여 보살은
복덕을 받지 않았나이까.』
『수보리여.
보살은 복덕을 짓기는 하지만
그 복덕에 탐착하지는 않느니라.
그러므로 말하기를
복덕을 받지 않았다고 하느니라.』

제 이십구. 위의 적정 분 | 第 二十九. 威儀 寂靜 分

『수보리.
『須菩提.
약 유인 언
若 有人 言
「여래 약래 약거 약좌 약와」
「如來 若來 若去 若坐 若臥」
시인 불해 아 소설 의.
是人 不解 我 所說 義.
하이고.
何以故.
여래자 무 소종래
如來者 無 所從來
역 무소거 고 명여래』
亦 無所去 故 名如來』

제 삼십. 일합 이상 분 | 第 三十. 一合 理相 分

『수보리.
『須菩提.

제 이십구. 위엄 있는 모습으로 고요히 정에 들라

『수보리여.
만일 어떤 사람이 말하기를
'여래는 오기도 하고 떠나기도 하고
혹은 앉기도 하고 눕기도 한다.'라고
한다면 이 사람은
내 말의 뜻을 이해하지 못한
것이니라.
왜냐하면 여래라고 하는 것은
오는 바도 없으며
떠나는 바도 없으므로
다만 그 명칭을
여래라 하였을 뿐이니라.』

제 삼십. 일합을 올바른 이치로써 바로 보라

『수보리여.

약 선남자 선여인

若善男子善女人

이 삼천대천세계 쇄위 미진

以三千大千世界碎爲微塵

어의운하.

於意云何.

시 미진중 영위다부』

是微塵衆寧爲多不』

수보리 언.

須菩提言.

『심다 세존.

『甚多世尊.

하이고.

何以故.

약시「미진중」「실 유자」

若是「微塵衆」「實有者」

불즉 불설 시 미진중.

佛卽不說是微塵衆.

소이자하.

所以者何.

불설 미진중 즉 비미진중

佛說微塵衆卽非微塵衆

만일 선남자 선여인이
삼천대천세계를 잘게 부수어서
미세한 먼지를 만든다면
그대 생각은 어떠한가.
과연 이 미세한 먼지의 무리가
많겠는가.』
수보리가 대답한다.
『심히 많사옵니다 세존이시여.
왜냐하면 만일
이 '미세하게 많은 먼지의 무리들'이
'실로 존재하는 자' 들이라면
부처님께서 곧
이 미세하게 많은 먼지의 무리들이라고
말씀하지는 않으셨을 것입니다.
어찌하여 그런가 하오면
부처님께서 말씀하신 미세하게 많은 먼지는
곧 미세하게 많은 먼지가 아니오라

시명 미진중.

是名 微塵衆.

세존.

世尊.

여래 소설 삼천대천세계

如來 所說 三千大千世界

즉 비세계 시명 세계

卽 非世界 是名 世界

하이고.

何以故.

약 세계 「실 유자」

若 世界 「實 有者」

즉 시 일합상

卽 是 一合相

여래설 일합상 즉

如來說 一合相 卽

비 일합상

非 一合相

시명 일합상.』

是名 一合相.』

『수보리.

『須菩提.

다만 그 명칭이 미세하게 많은 먼지일 뿐입니다.
세존이시여.
여래를 말씀하신 바 삼천대천세계는
곧 세계가 아니라 그 명칭이
세계일 뿐이라 하셨습니다.
왜냐하오면
만일 그 세계에
'존재하는 것을 즐기는 자'들이
있어서 이것을 일합상이라 한다면
여래를 설명하실 때의
일합상이라고 하는 것은
곧 일합상이 아니라
다만 그 명칭이
일합상일 뿐이옵니다.』
『수보리여.

「일합상자」즉시불가설
「一合相者」卽是不可說
단 범부지인 탐착기사』
但凡夫之人貪着其事』

🏵 제 삼십일. 지견 불생 분 | 第三十一. 知見 不生 分

『수보리.
『須菩提.
약인 언
若人言
「불 설 아견 인견 중생견 수자견」
「佛說我見人見眾生見壽者見」
수보리 어의운하.
須菩提 於意云何.
시인 해 아 소설 의부』
是人解我所說義不』
『불야 세존.
『不也世尊.
시인 불해 여래 소설 의.
是人不解如來所說義.

'일합상을 즐기는 자'라는 것은
이것을 말로 할 수 없는 것이나
다만 범부 중생들이 탐착으로 일삼는
것이니라.』

제 삼십일. 지견을 내지 말라

『수보리여.
만일 어떤 사람이 말하기를
'부처님께서 나라는 견해 너라는 견해 중생이
라는 견해 생명이라는 견해를
말씀하셨다'라고 한다면
수보리여 그대는 어찌 생각하는가.
이 사람은 정녕
내가 말한 뜻을 이해하는 것인가.』
『아니옵니다 세존이시여.
이 사람은
여래에 대하여 말씀하신 바
그 뜻을 이해하지 못하는 것입니다.

하이고 세존 설
何以故 世尊 說
아견 인견 중생견 수자견
我見 人見 衆生見 壽者見
즉비 아견 인견 중생견 수자견
卽非 我見 人見 衆生見 壽者見
시명 아견 인견 중생견 수자견」
是名 我見 人見 衆生見 壽者見」
『수보리.
『須菩提.
발 아뇩다라삼먁삼보리심자
發 阿耨多羅三藐三菩提心者
어일체법 응여 시지 여시견
於一切法 應如 是知 如是見
여시 신해 불생법상.
如是 信解 不生法相.
수보리.
須菩提.
소언「법상자」
所言「法相者」
여래 설
如來 說

왜냐하면 세존께서 말씀하신
나라는 견해 너라는 견해 중생이라는 견해
생명이라는 견해라고 하는 것은
곧 나라는 견해 너라는 견해 중생이라는 견해
생명이라는 견해가 아니라
다만 그 명칭이
아견 인견 중생견 수자견일 뿐이옵니다.』
『수보리여.
아뇩다라삼먁삼보리의 마음을
일으킨자는 일체의 법을 응당
이와 같이 알며 이와 같이 보며
이와 같이 믿고 이해하여
법이라는 생각을 내지 말지어다.
수보리여. 이를테면
'법에 대한 생각을 내는 자'라고
한 것은 여래를 설명할 때의

즉비법상시명법상』

卽 非法相 是 名 法相』

❀ 제 삼십이. 응화 비진 분 | 第三十二. 應化非眞 分

『수보리.
『須菩提.
약유인 이만 무량 아승지 세계
若有人 以滿 無量 阿僧祉世界
칠보 지용 보시.
七菩 持用 布施.
약유 선남자 선여인
若有 善男者 善女人
발보살심자 지어 차경
發菩薩心者 持於 此經
내지 사구게등 수지 독송
內之 四句偈等 受持 讀誦
위인 연설 기복 승피.
爲人 演說 其福 勝彼.
운하 위인 연설 불취 어상
云何 爲人 演說 不取 於相

법에 대한 생각이 아니라
다만 그 명칭이
법에 대한 생각일 뿐이니라.』

제 삼십이. 진실이 아니므로 응당 변화되어야 한다.

『수보리여.
만일 어떤 사람이
한량없는 아승지 세계에
칠보를 가득히 보시하였고
또 어떤 선남자 선여인은
보살의 마음을 즐겨 일으켜서
이 경전을 지니며 그 가운데에서
네 구절만이라도 읽고 외워서
다른 사람을 위해 해석하여 깨닫게
한다면 이 복은 앞에서 말한
칠보의 보시보다 더 수승하리라.
어떻게 하는 것이 다른 사람을 위해
해석하여 깨닫게 하는 것인가 하면
어떠한 생각을 취하려 하지 말 것이며

여여부동 하이고
如如不動 何以故

일체유위법
一切有爲法
여몽환포영
如夢幻泡影
여로역여전
如露亦如電
응작여시관.』
應作如是觀.』

불설시경이
佛說是經已
장로 수보리 급제 비구 비구니
長老 須菩提 及諸 比丘 比丘尼
우바새 우바이 일체 세간
優婆塞 優婆夷 一切 世間
천인 아수라 문 불 소설
天人 阿修羅 聞 佛 所說
개 대환희 신수 봉행.
皆 大歡喜 信受 奉行.

마음을 한결같이 움직이지 않는
것이니라. 왜냐하면

일체의 모든 것이 있다는 유위의 법은
꿈이며 환상이며 물거품이며
그림자와 같고
이슬과 같고 번개와 같나니
마땅히 이와 같이 관할지어다.』

부처님께서 이 경전을 설해 마치시니
장로 수보리와 비구 비구니와
우바새 우바이와 일체 세간의
천인 아수라등이 이 말씀을 듣고
모두 다 크게 기뻐하며 믿고 받들어 행하였다.

금강경 요약해본

수보리여
여래라고 하는 것은
오는 바도 없으며 떠나는
바도 없으므로 다만
그 명칭을 여래라 하였을 뿐이니
위엄 있는 모습으로 고요히 정에 들라

부처님께서는
성 안으로 들어가시면서
한 집 한 집
차례차례로 걸식을 하셨다.
(於基城中 次第 乞已 - 차별을 두지 않으셨다)
그리고 숲속으로 돌아와 공양을 마치신 뒤
가사와 발우를 정리하고 발을 씻으신 다음
자리를 펴고 앉으셨다.
(還至本處 飯食訖 收衣鉢 洗足已 敷座 而坐 - 손수 정리정돈을 몸소 보이셨다)
이때 장로 수보리가
오른쪽 어깨의 옷을 벗고 오른쪽
무릎을 땅에 꿇어
합장공경하며 부처님께 여쭈었다.
(遍袒右肩 右膝着地 合掌恭敬 而白佛言 - 공부할 때도 제자들은 부처님께 예를
갖추어 질의를 하였다)
"세존이시여
아뇩다라삼먁삼보리의 깨달음을 이루고자 하면

그 마음을 어떻게 머무르게 하며
어떻게 항복받아야 하겠나이까."

(世尊.. 發阿耨多羅三藐三菩提 心應 云何住 云何降伏其心 - 무상정등정각 하여
부처를 이루고자 할 때의 마음조복 방법을 묻는다)

"일체 모든 중생의 종류에는
알로 나는 것과 태로 나는 것과
습기로 나는 것과 우연자연으로 화하여 생기는 것과
색이 있는 것과 색이 없는 것과
생각이 있는 것과 생각이 없는 것
그리고 생각이 있는 것도 아니요
생각이 없는 것도 아닌 것들이 있다.
이 모든 것을 두루 다 남김없이
해탈하여 열반에 들도록 제도할 것이나
이처럼 한량없이 많은 중생들을 제도하지만
사실은 한 중생도 제도한 자가 없다고
그 마음을 항복받아야 할 것이다.

('所有一切 衆生之類 若卵生 若胎生 若濕生 若化生 若有色 若無色 若有想 若無
想 若非有想 非無想 我皆令入 無餘涅槃 而滅度之 如是 滅度 無量 無數 無邊 衆生
實無衆生 得滅度者 - 대승으로서의 마음조복에 관한 말씀)

만일 보살이 나의 모습과 너의 모습과 중생의 모습과
생명의 모습까지도 있다고 생각한다면
이는 곧 보살이 아니기 때문이다. 그러므로
중생 제도자로서의 보살행을 하나

그 마음에 머무르지 않아야 하느니라.

(何以故 須菩提 若菩薩 有我相人相衆生相壽者相卽 非菩薩..妙行無住)

무릇 모습을 지녔다는 것은 모두 허망한 것이다.

만일 모든 모습을 볼 때 그것은

참 모습이 아님을 안다면

즉시 여래(자성불)를 볼 것이니라.

(凡所有相皆是虛妄若 見諸相非相卽見如來 - 견성성불에 관한 언급)

여래께서 멸도하신 후 이천오백 년이 지나도

계를 받아 지니며 복을 닦는 자가 있어서

그는 이 구절을 듣고 능히 신심을 내어

이것을 진실히 여기나니 그러나

이러한 법도 뗏목과 같은 줄 알라.

(如來 滅後 後五百歲 有持戒 修福者 於此章句 能生信心 以此爲實 - 如筏喻者
법까지도 강을 건너고 나면 버리고 가야하는 뗏목과 같은 것이다)

모든 법은 취할 것도 없고 설할 것도 없으며

법이 아니며 법이 아닌 것도 아니니라. 그 이유는

일체의 현인과 성인은 모두 이처럼

변화하지 않는 무위의 법으로써 구별하므로

법은 얻을 것도 없고 설할 것도 없나니

(法 皆 不可取 不可說 非法 非非法 所以者何 一切 賢聖 皆 以無爲法 而有 差
別...無得無說)

그것은

일체의 모든 부처님도 부처의 경지에 이르기까지

아뇩다라삼먁삼보리의 법이 모두

이 경전에서 나왔기 때문이니라.

(一切 諸佛 及諸佛 阿耨多羅三藐三菩提 法 皆從 此經 出 - 부처를 이루고자 하는 이들에게 필요한 이 경전의 중요성)

그러므로 수보리여

수다원과 사다함과 아나함과

아라한과의 도가 있다고는 하지만

이 법 또한 있기도 하며

없기도 한 것이므로

다만 즐겁게 아란나행을 하라.

또한

하나의 상이 있다고는 하지만 그 상은 없는 것이므로

(須陀洹果 斯陀含果 阿那含果 阿羅漢道...實無有法...是樂 阿蘭那 行...一相 無相)

모양에 머물러서는 안 되며

소리 냄새 맛 감촉의 법에 머물러서도 안 되니

마땅히 머무는 바 없이 그 마음을 내야만 되느니라.

(不應 住色 生心 不應 住 聲香味觸法 生心 應 無所住 而生 其心 - 색에도 상에도 머물지 말며 육근 육경 육식에도 머무는 바가 없어야 하리니 모든건 그 명칭일 뿐이다)

보시의 공덕에 있어서도

이 경전 가운데에서 네 구절만이라도 받아 지니며

남을 위해 말해 준다면 이 복덕은

칠보의 보시 복덕보다 더 없이 뛰어나리라.

(於此經 中 乃至 受持 四句偈等 爲他人 說 而此福德 勝 前(七寶)福德 - 가장 수승
한 복덕이란 재물보시보다 법경전 보시이다.)

또한 수보리여. 이어서 말하자면

이 경전에서 네 구절만이라도 그 뜻을 깨닫게 한다면

머무르고 있는 곳에는 일체 세간의 하늘과 아수라가

모두 응당히 공양하기를

부처님의 탑과 전각에 하듯 할 것인데

하물며 앞에서 말한 그 사람이 온 정성을 다하여

경전을 지니며 읽고 외운다면

깨달음을 얻은 이 사람은 참으로 드물게

가장 높고 으뜸가는 법을 성취한 것이니라.

따라서 올바른 길로 일깨우는 사람을 존중하라.

(復次 須菩提 隨說 是經 乃至 四句偈等 當知 此處 一切 世間 天人 阿修羅 皆應 供
養如佛塔廟何況有人盡能受持讀誦...是人成就最上第一希有之法 - 尊重正教)

이 경전의 명칭은 금강반야바라밀이며

여래를 설명할 때의 모든 티끌들은 티끌이 아니라

다만 그 명칭이 티끌일 뿐이며

이 세계 또한 세계가 아니라

다만 그 명칭이 세계일 뿐이니라. 그러므로

서른두 가지의 상호를 갖추었다고 하여

여래로 볼 수 없는 것이니

이와 같이 법을 받아 지녀야 될 것이니라.

(諸 微塵 如來 說 非微塵 是名微塵 如來 說 世界 非世界 是名 世界…不可 以 三十二相 得見 如來…如法 受持)

실상의 깨달음을 성취했다는 것도
곧 이것이 상이 아니므로
여래의 실상도 다만 명칭일 뿐인 고로
그런 것들에 대한 일체의 모든 모습에서 벗어나면 곧
그 명칭이 모두 부처이기 때문이니라.
내가 가리왕에게 몸을 마디마디 찢길 때 만약 내게
나의 모습과 너의 모습 그리고 중생의 모습과
생명의 모습까지도 있다고 알았다면 당연히
성내고 원망을 하였을 것이다만
일체의 모든 모습은 곧 모습이 아니며 또
일체 중생을 설명할 때도 곧 중생이 아니라 하였나니
여래는
진리의 말을 하며 진실을 말하며 진여의 말을 하며
거짓을 말하지 않으며 의심할 말을 하지 않느니라.
수보리여
여래가 법을 얻는 바
이 법은 채우는 것도 없으며 헛되는 것도 없느니라.
만약 어떤 선남자 선여인이
부처의 지혜로서 여래가 되고자 하여

이 경전을 지니며 읽고 외운다면
이 사람은 모든 것을 다 알 것이며 이 사람은
모든 것을 다 볼 것이니
두루 헤아릴 수 없는 공덕을 성취할 것일진데
그리하여 모든 상을 끊는다면 적멸에 들리라.

(是實相者 卽是 非相 是故 如來 說 名 實相...離 一切 諸相 卽名 諸佛...我 於 往
昔 節節 支解時 若 有我相 人相 衆生相 壽者相 應生 嗔恨... 一切 衆生 卽 非衆
生...如來 是眞於者 實語者 如語者 不誑語者 不異語者. 須菩提 如來 所得法 此法
無實無虛...若有 善男子 善女人 能 於此經 受持 讀誦 卽 爲如來 以佛 智慧 悉知 是
人 悉見 是人 皆得 成就 無量無邊 功德 -離相 寂滅)

따라서 이 경전은 여래가 되기 위하여
대승을 발심한 자에게 설명하였으며
최상승을 발심한 자에게 설명하였느니라.
만약 어떤 사람이 뛰어나게 이 경전을 지니어
읽고 외우며 많은 사람들에게 설명해준다면
이 사람은 여래를 알고 이 사람은 여래를 볼 것이며
헤아릴 수 없고 설명할 수도 없이
끝없는 불가사의한 공덕을 성취한 것이니라.

(如來 爲發 大乘者 說 爲發 最上乘者 說 若有人 能 受持 讀誦 廣 爲人 說 如來 悉
知 是人 悉見 是人 皆得 成就 不可量 不可稱 無有邊 不可思議 功德)

또한 선남자 선여인이
이 경전을 지니며 읽고 외우는데 이들이 만일
어떤 사람들에게 업신여김을 받는다면

이들은 전생의 죄업으로
응당 악도에 떨어져야 할지라도
금생에 남에게 업신여김을 받음으로써
전생의 죄업이 곧 소멸되며 마땅히
아뇩다라삼먁삼보리도 얻게 되느니라.

(善男子 善女人 受持 讀誦 此經 若 爲人 輕賤 是人 先世 罪業 應 墮惡道 以 今世人 輕賤故 先世 罪業 卽 爲消滅 當得 阿耨多羅三藐三菩提)

여래(석가)가 연등부처님께 있을 때
실로 법이 없는 경계에서
아뇩다라삼먁삼보리를 얻었으므로
여래가 될 자에게는 곧 모든 법이
이와 같이 순응될 것이니라.
여래가 아뇩다라삼먁삼보리를 얻는다는 것은
이 마음에는 채우는 것도 비우는 것도 없는 것이므로
여래를 설명할 때 일체의 법이 모두 이와 같은
부처의 법이라고 하는 것이니라. 따라서 필경에는
나라는 존재는 없다는
무아의 법에 통달하였다면 이 보살은
참으로 여래의 명칭을 말할 수 있는 자이니라.

(如來 於燃燈佛所...以 實無有法 得 阿耨多羅三藐三菩提...如來者 卽 諸法 如義...如來 得 阿耨多羅三藐三菩提 於是中 無實無虛 是故 女來 說 一切法 皆是 佛法 - 究竟無我 - 若 菩薩 通達無我法者 如來 說名 眞是 菩薩)

여래에게는

육안과 천안과 혜안과 법안과 불안이 있느니라.
여러 항하에 수많은 모래가 있듯이
부처의 세계도 그와 같이 많으나 여래는
이 국토의 중생들 마음을 모두 알고 있느니라.
이 마음 또한 마음이 아니라 다만
그렇게 불리을 뿐이니
과거 현재 미래의 마음이란 것도
얻을 것이 없는 것이니라.
그러므로 한 부처의 몸이라는 것도 방편적 체성이니
서로 같은 모양으로 관하라.

(如來 有 肉眼..天眼..慧眼..法眼..佛眼..是諸 恒河 所有沙 數 佛 世界 如是 寧爲
多...所國土 中 所有 衆生 若 干種心 如來 悉知..如來 說 諸心 皆爲 非心 是 名 爲
心...過去心..現在心..未來心 不可得 - 一體 同觀)

또한 수보리여 만일 어떤 사람이
복덕을 채웠다면 복덕을 많이 얻었으니
여래라고 말할 수 없을 것이니라. 복덕이란 본래
없는 것이므로 여래를 설명할 때는 다만
복덕을 많이 얻었다고 할 뿐이니
법의 경계에 통하도록 변화되어야 하느니라.

(須菩提...若 福德 有實 如來 不說 得福 德多. 以 福德 無故 如來 說 得福德
多...法界 通化)

여래는 색신을 갖추지 않으며
여래는 상을 모두 갖추지 않으니 다만

그 명칭일 뿐인 고로
색도 끊고 상도 끊으라.
(如來不應以具足色身...如來不應以具足諸相...是名具足...離色離相)
중생에게 법을 설한다는 것도 설하는 법이 없고
다만 그 명칭이 법을 설한다고 하느니
저들은 중생이 아니며
중생이 아닌 것도 아니니라.
(衆生..說法者無法可說是名說法...非說所說...彼非衆生非不衆生)
그러므로 법은 얻을 것이 없기에
무유법을 조금이라도 얻었다는 것은
단지 그 명칭을
아뇩다라삼먁삼보리라 하였을 뿐이니라.
(無法可得...無有少法可得是名阿耨多羅三藐三菩提)
이로써
나는 없다 너도 없다 중생도 없다
고로 생명도 없다는 것을 일체로 보아
착한 법을 닦고 착한 행을 하면
마음이 맑아져
곧 아뇩다라삼먁삼보리를 얻을 것이나
아뇩다라삼먁삼보리 또한 명칭일 뿐이며
착한 법이라는 것도 다만 명칭일 뿐이니라.
(以無我無人無衆生無壽者修一切善法...淨心行善...卽得阿耨多羅三藐三
菩提...是名阿耨多羅三藐三菩提...是名善法)

만일 산 가운데 제일인 수미산만큼
큰 칠보를 모아서 어떤 사람이 보시를 하였고
또 어떤 사람은
이 반야바라밀이나
그 가운데의 네 구절만이라도 지니어
읽고 외우며
다른 사람을 위하여 깨닫게 한다면 칠보의 복덕으로
지혜를 비유할 수는 없는 것이니라.

(若...須彌山王 如是等 七寶聚 有人 持用 布施 若人 以此 般若波羅蜜經 內之四 句偈等 受持 讀誦 爲他人 說...福智 無比)

만일 어떤 보살이
항하의 모래처럼 많은 세계에 가득히
칠보를 보시하고
또 어떤 사람은 일체법을 알고
인욕으로써 내가 없다는 무아의 깨달음을 이루었다면
이 보살은 앞에서 말한 칠보를 보시한 보살보다
얻는 공덕이 뛰어 나리라. 왜냐하면 수보리여.
보살은 복덕을 짓기는 하지만
그 복덕에 탐착하지는 않느니라. 그렇기에
복덕은 받을 것도 없고 탐착할 것도 없노라.

(若菩薩 以滿 恒河沙等 世界 七寶 持用 布施 若 復有人 知一切法 無我得成 於忍 此菩薩 勝前菩薩 所得功德...菩薩 所作福德 不應貪着...不受 不貪)

수보리여 여래라고 하는 것은
오는 바도 없으며 떠나는 바도 없으므로 다만
그 명칭을 여래라 하였을 뿐이니
위엄 있는 모습으로 고요히 정에 들라.
(須菩提...如來者 無所從來 亦無所去 故名 如來...威儀寂靜)

만일 선남자 선여인이 삼천대천세계를 잘게 부수어서
미세한 먼지를 만든다면 미세한 먼지의 무리가 얼마나
많겠는가. 이와 같은 먼지의 무리가 실로 존재하는
자들이라도 다만 명칭이 먼지의 무리들이며
삼천대천세계도 다만 명칭일 뿐인 고로
실로 존재하는 자들 역시 곧 이것을 일합상이라면 다만
명칭일 뿐이니라.
일합상을 즐기는 자라는 것도
이것을 말로 할 수 없는 것이나 다만
범부 중생들이 탐착으로 일삼는 것이니
일합을 올바른 이치로써 바로 보라.
(若 善男子 善女人 以三千大千世界 碎爲 微塵..微塵衆 寧爲多不...微塵衆..實
有者=是名 微塵衆...三千大千世界=是名 世界...實有者 卽是 一合相=是名 一合
相...一合相者 卽 是不可說但 凡夫之人 貪着其事...一合理相)

나라는 견해 너라는 견해 중생이라는 견해
생명이라는 견해라고 하는 것도 곧
나라는 견해 너라는 견해

중생이라는 견해
생명이라는 견해가 아니라 다만
그 명칭이 아견 인견 중생견 수자견일 뿐일지니
아뇩다라삼먁삼보리의 마음을 일으킨 자는
일체의 법을
응당 이와 같이 알며
이와 같이 보며 이와 같이 믿고 이해하여
법이라는 생각의 지견을 내지 말라.

(我見 人見 衆生見 壽者見 卽 非 我見 人見 衆生見 壽者見 是 名 我見 人見 衆生見...發 阿耨多羅三藐三菩提心者 於一切法 應如 是知 如是見 如是 信解 不生法相...知見 不生)

따라서 어떻게 하는 것이
다른 사람을 위해 해석하여 깨닫게 하는 것인가 하면
어떠한 모습을 취하려 하지 말 것이며
마음을 한결같이 움직이지 않는 것이니라. 왜냐하면
일체의 모든 것이 있다는 유위의 법은
꿈이며 환상이며 물거품이며
그림자와 같고 이슬과 같고 번개와 같나니
마땅히 이와 같이 관하여
모든 것은 진실이 아니므로
응당 변화하여야 한다고 알지니라."

(云何 爲人 演說 不取 於相 如如不動. 何以故 一切有爲法 如夢幻泡影 如露亦如電 應作如是觀...應化 非眞)

반야심경

우주 전체의 성품과 현상을 빠짐없이
모두 갖추어 보는 관세음보살이 깊고 바른 지혜로써
해탈의 언덕에 이르는 수행을 할 때에
색수상행식의 오온이 다 공임을 비추어 보고
생로병사 또한 일체 고통뿐임을 깨닫고 이를 제도함이라

마하반야바라밀다심경

摩詞般若波羅蜜多心經

관자재보살 행심반야바라밀다 시

觀自在菩薩 行深般若波羅蜜多 時

조견오온개공 도일체고액

照見五蘊皆空 度一切苦厄

사리자 색불이공 공불이색

舍利子 色不異空 空不異色

색즉시공 공즉시색 수상행식 역부여시

色卽是空 空卽是色 受想行識 亦復如是

사리자 시제법공상 불생불멸 불구부정

舍利子 是諸法空相 不生不滅 不垢不淨

부증불감 시고 공중무색 무수상행식

不增不減 是故 空中無色 無受想行識

무안이비설신의 무색성향미촉법

無眼耳鼻舌身意 無色聲香味觸法

무안계 내지 무의식계 무무명 역무무명진

無眼界 乃至 無意識界 無無明 亦無無明盡

내지 무노사 역무노사진 무고집멸도

乃至 無老死 亦無老死盡 無苦集滅道

무지 역무득 이무소득고 보리살타
無智 亦無得 以無所得故 菩提薩埵

의 반야바라밀다 고심무가애 무가애고
依般若波羅蜜多 故心無罣碍 無罣碍故

무유공포 원리전도몽상 구경열반
無有恐怖 遠離顚倒夢想 究竟涅槃

삼세제불 의반야바라밀다
三世諸佛 依般若波羅蜜多

고득 아뇩다라삼먁삼보리
故得阿耨多羅 三藐三菩提

고지반야바라밀다 시대신주
故知般若波羅蜜多 是大神呪

시대명주 시무상주 시무등등주
是大明呪 是無上呪 是無等等呪

능제일체고 진실불허 고설 반야바라밀다주
能除一切苦 眞實不虛 故說 般若波羅蜜多呪

즉설주왈
卽說呪曰

아제아제 바라아제 바라승아제
揭諦揭諦 波羅揭諦 波羅僧揭諦

모지 사바하
菩提 娑婆訶

반야심경의 큰 의미는 이러하니라.
우주 전체의 성품과 현상을 빠짐없이
모두 갖추어 보는 관세음보살이 깊고 바른 지혜로써
해탈의 언덕에 이르는 수행을 할 때에
색수상행식의 오온이 다 공임을 비추어 보고
생로병사 또한 일체 고통뿐임을 깨닫고
이를 제도함이라.
사리자여 색이란 공성 그대로이며
단지 인연따라 그림자와 같은 상으로 나투었을 뿐이며
공성도 또한 허망한 그림자일 뿐이니
색 즉 공이요 공 즉 색이라
진여불성의 본 성품은 변하지 않는 것이다.
따라서 수상행식의 사온도 역시 그러하니라.
사리자여
이렇게 색수상행식 오온의 제법이 본래 공한 실상은
생겨나지 않았으니 사라질 것도 없고
오염되지 않았으니 씻을 것도 없듯이
아무 흠절 없이 원만 무결하므로

새삼 더하고 덜할 것이 없느니라.
그러므로 제법공의 실상은
색이라는 가상도 없고 수상행식이라는 가명도 없으니
안이비설신의 여섯 가지 조건이 없게 되고
색성향미촉법의 여섯 경계도 없느니라.
또한 이미 육근과 육경이 없으니
안식계 이식계 비식계 설식계 신식계와
분별하는 의식계인 육식도 없느니라.
(육근이 육경과 접촉되어 육식이 일어나기 때문에)
무명이란 본래 없으니 무명을 없앨 것도 없으며
따라서 무명에서 파생되는
십이인연의 늙음과 죽음도 없으므로
삼세에 윤회하는 육도 중생의 탐진치 삼독심에서 지은
업고의 결과도 공하다는 제법공의 도리를 안다면
오온법과 십이인연법과 사제법(苦集滅道)등의
일체유위법이 모두 공함이니
이는 거품이나 그림자처럼 한결같이 허망한 것이라.
이러한 모든 것이 결국은

때 묻은 번뇌로 얻은 것이기에
얻을 바가 못 되었느니라.
따라서 생사윤회할 까닭이 없는 것이니라.
이렇게 보리살타는 이 지혜 반야바라밀에 의하여
죽음의 공포와 번뇌에 걸림이 없이 일체 이치의
전도몽상을 여의면 구경에는 해탈지견 향을 하여
열반을 성취하게 되는 부처의 본 성품을 관한 것이니라.
삼세제불도 이와 같이 십이 인연법을 통찰하고
아뇩다라삼먁삼보리(무상정등정각)를 증득하셨으니
이 세계를 구성하고 있는 요소인
색수상행식의 오온이 공하다는 반야의 지혜를 떠나서는
성불할 수 없는 것이라.
이 반야바라밀은 다시 더 높은 곳이 없는
가장 수승한 지혜이며 삼명 육통이 생하는 대방편이며
최상무비의 총지이니라.
일체 재앙을 없애 모든 공덕을 갖추면
일체 허망상을 떠난 진실한 실상의 지혜를 알게 될지라.
이제 반야바라밀다의 화두요 공안인 주문을 설하니

그대로 인이 되고 과가 됨을 깨달아야 하니라.

가세 가세 어서가세 저 피안의 언덕으로 어서 가세